मिथक और लोककथाएँ गारो पहाड़ियों से

डॉ. अनीता पंडा

सन्मति

Title : Mithak aur Lok Kathayen
Gaaro Pahadio se
ISBN: 9788194712930

प्रकाशक
सन्मति पब्लिशर्स एण्ड डिस्ट्रीब्यूटर्स
बी-347, संजय विहार,
मेरठ रोड, हापुड़-245101 (उ0प्र0)
website : www.sanmatiindia.com
email: sanmati555@gmail.com
मो. : 8439645104

प्रथम संस्करण : सितम्बर 2020

भूमिका

भारतीय संस्कृति एवं सभ्यता विश्व की प्राचीनतम विकसित जीवित संस्कृति है। यह संस्कृति जितनी पुरानी है, उतनी ही पुरानी यहाँ की जनजातीय संस्कृति है। तेज़ी से होते धर्मांतरण एवं आधुनिक सभ्यता ने, इस संस्कृतियों पर इतना प्रहार किया है कि कुछ तो पूर्णरूपेण मिट गईं और कुछ अल्पसंख्यक बन गईं। विशेष रूप से जनजातीय बहुल क्षेत्र पूर्वोत्तर भारत में स्थिति गंभीर है। भारत के पूर्वोत्तर राज्य मेघालय की तीन जनजातियाँ गारो, खासी और जैंतिया की समृद्धशाली सांस्कृतिक, लोक और मान्यताएँ आदि हैं, जो मौखिक रूप से आज भी चली आ रही हैं। इनमें से गारो पहाड़ियों में निवास करने वाले गारो जनजाति की संस्कृति, आस्था, लोक-कथाएँ, गीत-संगीत, मिथक, किवदंतियों और शौर्य गाथाओं आदि विशाल एवं अछूता भण्डार मिलता है। यहाँ की लोक कथाएँ, मिथक तथा किवदंतियाँ इनकी सामाजिक, धार्मिक, आर्थिक व्यवस्थाओं, परम्परा और मान्यताओं से परिचित कराती हैं; साथ ही इनमें निहित नैतिक मूल्य की प्रासंगिकता को दर्शाती हैं।

प्रकृति की संतान होने के कारण इन कथाओं में प्रकृति में रहने वाले हर प्राणी, पेड़-पौधे, नदी, झरने, चट्टान आदि को समान अधिकार है। वे बातें करते हैं; एक-दूसरे के प्रति संवेदनशील हैं और सत्य एवं आदर्श की स्थापना करते हैं। ये मात्र कथाएँ नहीं हैं अपितु कहीं-कहीं इसके साक्ष्य भी मिलते हैं, जो अविश्वसनीय लगते हैं। किसी भी संस्कृति को समझने के लिए वहाँ के लोक की तह तक जाना आवश्यक है।

ध्यातव्य है कि मेघालय के गारो पहाड़ी क्षेत्र विकास की दृष्टि से अन्य क्षेत्रों की तुलना में पीछे है। वहाँ बाल्पक्रम और आस-पास के क्षेत्र में समृद्धशाली संस्कृति थी। यहाँ पौराणिक साक्ष्य भी मिलते हैं। कुछ विद्वान इस भू-भाग को रामायण काल से जोड़ते हैं और यहाँ संजीवनी बूटी होने दावा भी करते हैं। डॉ जुलियस एल. आर. मराक ने रामायण में वर्णित गंधमादन पर्वत गारो पहाड़ियों में

स्थित बाल्पक्रम की चोटी को बताया है। श्री देवांग सिंह एस. रोंग्मुत्हू के अनुसार यह एक समृद्धशाली क्षेत्र था, जो महादेव से सम्बंधित था। यहाँ तक कि श्री हेल्सिंह ए. संगमा बाल्पक्रम के उत्तर-पश्चिम में स्थित वैमोंग (Waimong) की पहाड़ी को शिव का निवास स्थल कैलाश मानते हैं। इनके अनुसार ईसा पूर्व पूर्वी बंगाल (बांग्ला देश) के हिन्दुओं की इस स्थान पर आस्था थी। (यह शोध का विषय है) हिन्दू धर्म की ही भाँति मूल गारो मान्यता के अनुसार इनमें पुनर्जन्म की धारणा मिलती है। मृत व्यक्ति की आत्मा नये शरीर धारण करने के पूर्व सूक्ष्म रूप में बाल्पक्रम में रहती है और अपने वर्तमान जन्म के कर्मानुसार उचित समय पर पशु-पक्षी, कीट-पतंगों, मानव आदि के रूप में जन्म लेती है। 'कर्मानुसार फल की प्राप्ति' यह विश्वास इसे सनातन धर्म से जोड़ता है। दुर्भाग्य से धर्मांतरण के कारण मूल गारो परम्परा को मानने वाले कहीं-कहीं ग्रामीण क्षेत्र में मिलते हैं, जिनका संरक्षण अति आवश्यक है।

इस पुस्तक की प्रेरणा स्त्रोत श्रीमती सी. टी. संगमा जी हैं, जो अवकाश प्राप्त सिविल सर्विस अधिकारी, मेघालय राज्य, हैं और अपने कार्यकाल के दौरान कई प्रमुख विभागों में निदेशक के रूप में अपनी सेवाएँ प्रदान कर चुकी हैं। इनकी लिखी पुस्तकें "Myriad Colours Of North East – 1, 2, 3" मेरे आधार ग्रन्थ हैं। यह केवल अनुवाद नहीं है अपितु एक गंभीर शोध है। इस संग्रह में लोक कथाएँ ही नहीं हैं बल्कि शौर्य गाथाएँ, प्रेम कथाएँ, रोचक एवं अविश्वनीय तथ्य मिलते हैं। गारो जनजाति का अपनी मातृभूमि की रक्षा हेतु ब्रिटिश सेना के साथ संघर्ष एवं अपने मूल संस्कृति को जीवित रखने के प्रति प्रतिबध्द वीरों की गाथाएँ हैं।

आशा है यह पुस्तक मेघालय की गारो पहाड़ियों की सीमाओं को लाँघती देश के अन्य भू-भागों तक पहुँचेगी तथा सुदृढ़ प्राचीन गारो जनजातीय परम्परा, संस्कृति, आस्था आदि के अनदेखे पक्ष को उजागर करेगा। पूर्वोत्तर के मेघालय राज्य के गारो पहाड़ियों के गारो जनजाति के मूल आस्था एवं नैतिक मूल्यों को उजागर करेगा, जिन्हें जनजातीय संस्कृति कह कर दरकिनार किया जाता रहा

है। पूर्णतः विकसित जनजातीय संस्कृति, लगातार होते धर्म-परिवर्तन के कारण इतिहास बन चुकी है। यह भविष्य में मूल गारो जनजाति संस्कृति, परम्परा,आस्था के संवर्धन एवं संरक्षण में सहायक होगा और इस सभ्यता के प्रति नवीन दृष्टिकोण विकसित करेगा।

- डॉ अनीता पंडा

सन्देश

(अनुवादित)

मैंने लगातार, पूर्वोत्तर भारत के हिमालय की पहाड़ियों पर निवास करने वाले संजाति समाज विशेष रूप से गारो जनजातियों में प्रचलित पारंपरिक, मौखिक लोक कथाएँ, मिथक, आस्था, शौर्य गाथाएँ एवं रहस्य आदि को अपनी पुस्तकों में संग्रहित किया है। ये पुस्तकें इन समुदाय की जीवन-शैली आदि की झलक प्रस्तुत करेंगी। मेरी पुस्तकों में से कुछ गारो मिथक और लोक कथाओं का, डॉ अनीता पंडा, जो मेघालय की एक प्रतिष्ठित लेखिका हैं, ने हिंदी में लिखने के लिए मुझे सूचना दी तो मैं बहुत उत्साहित हुई। यद्यपि मैं हिंदी नहीं पढ़ सकती परन्तु मेरी कहानियाँ हिन्दी-संसार में पढ़ी जाएगी और पाठक गारो समुदाय से अवगत होंगे।

मैं डॉ अनीता पंडा को इस कार्य के लिए हार्दिक धन्यवाद देती हूँ और उनकी सफलता की कामना करती हूँ।

- श्रीमती सी. टी. संगमा

राज्य प्रशासनिक अधिकारी, मेघालय सरकार

(अवकाश प्राप्त - 2008)

वरिष्ठ लेखिका

देरंगित्तिम, रोंग्कोन

तुरा (मेघालय)

अनुक्रमणिका

प्रेम कथा

रहस्यमयी कथाएँ

बाल्पक्रम -एक खोज सनातन संस्कृति की

मेघालय के गारो जिले के दक्षिण-पूर्वी पहाड़ियों में बाल्पक्रम पठार में राष्ट्रीय उद्यान और वन्य पशु अभ्यारण्य है। इसकी ऊँचाई समुद्रतल से 2,831 फीट है। यह ऊपर से मेज की तरह सपाट है और दक्षिण गारो पहाड़ियों के मुख्यालय बाघमारा से लगभग 90 किलोमीटर की दूरी पर है। यहाँ का सूर्योदय और सूर्यास्त का दृश्य अद्भुत होता है। इसके उत्तर में रोंगचेन पठार और दक्षिण में छोटी-छोटी पहाड़ियाँ हैं, जहाँ से बांग्लादेश दिखाई देता है।

सन 1988 में बाल्पक्रम पहाड़ी को राष्ट्रीय उद्यान और वन्य पशु अभ्यारण्य घोषित किया गया था। स्वर्गीय प्रधानमंत्री राजीव गाँधी ने इसका उद्घाटन किया था। तब से जैव विविधताओं के कारण इसने लोगों का ध्यान अपनी ओर आकर्षित किया है। इस छोटे से पठार पर भिन्न-भिन्न प्रजाति के दुर्लभ पशु-पक्षी, जीव-जंतु, पेड़-पौधे और जड़ी-बूटियाँ मिलती हैं। इनमें से कुछ ऐसी दुर्लभ जड़ी-बूटियाँ हैं जो चिकित्सा के लिए बहुत उपयोगी हैं। दुःख की बात यह है कि इनमें से कई जड़ी-बूटियाँ समाप्त हो रहीं हैं। नि:संदेह यह स्थान वैज्ञानिकों, बनस्पतियों और प्रकृतिवादियों के लिए आकर्षण का केंद्र है क्योंकि यह शोध के लिए उपयुक्त स्थान बन गया है लेकिन गारो जनजाति में इस जगह को लेकर अपना दृष्टिकोण और अपनी मान्यताएँ हैं।

यहाँ तक कि स्थानीय लोग का मानना है कि बाल्पक्रम की दुर्गम घाटियों में कुछ ऐसे स्थान हैं, जहाँ चट्टानों की छतों से पानी की बूँदें टपकती हैं। इनमें रोग-निवारण क्षमता है। जिसका पता कुछ समय पूर्व चला। यह बात तब सामने आयी, जब एक पक्षाघात से पीड़ित रोगी पूर्णतया स्वस्थ हो गया। वह रोगी लम्बे समय से इस बीमारी के कारण बहुत कष्ट में था। उसके परिवार वालों ने दवाइयों के साथ-साथ उसका देशी इलाज भी करवाया परन्तु उसे कोई लाभ नहीं हुआ। उसकी दशा देखकर उन लोगों ने सोचा – क्यों न अलग तरीके से इलाज करवाया

जाए? अत: वे लोग उसे बाल्पक्रम पठार पर ले गए, जहाँ से वे खड़ी ढलान से रस्सियों के सहारे नीचे उतरे। वह इलाका बहुत उबड़-खाबड़ और बहुत ही कठोर था। रास्ते में कई मोड़ मिले; वे चलते गए और कैसे पहुँचे? उन्हें पता ही नहीं चला। खोजते-खोजते उन्हें उस गुप्त स्थान का पता चल ही गया, जहाँ से बर्फ के समान ठंडी पानी की बूंदें टपक रहीं थीं। रोगी को अच्छी तरह से सहारा देकर उस स्थान पर बैठाया गया। वह उस स्थान पर बिना हिले-डुले काफी देर तक बैठा रहा। अचानक बर्फ की तरह ठंडी एक बूँद उसके सिर के दाहिनी गिरी। वह लगातार हिलाने लगा और तुरंत की हिंसक-सा हो गया। थोड़ी देर बाद वह बेहोश हो गया और उसका सारा शरीर ऐंठ गया। उसके बाद वह पूरी तरह से ठीक हो गया और खुद चलता हुआ अपने घर लौटा। इस पठार में लगभग 50 ऐसे स्थान हैं जो पौराणिकताओं और विचित्र रहस्यों से भरे पड़े हैं, जो अवर्णनीय हैं। अब तक तीन व्यक्ति, जो पक्षाघात की बीमारी से पीड़ित थे, वे स्वस्थ हो गए हैं। हालाँकि इन तीन व्यक्तियों का नाम, पता आदि किसी को ज्ञात नहीं है। इसके सत्यापन हेतु इनकी खोज करना आवश्यक है।

ध्यातव्य है कि बाल्पक्रम न केवल गारो जनजाति के लिए ही अपितु हिन्दुओं के लिए पवित्र स्थान है। ऐसा माना जाता है कि बाल्पक्रम वह स्थान है, जो हिन्दू पौराणिकता से भी जुड़ा है। श्री एच.ए.मराक ने अपनी विवरणिका शीर्षक "बाल्पक्रम" में लिखा है कि हिन्दुओं के कई पौराणिक स्थानों में भगवान शिव ठाकुर का एक निवास स्थान यहाँ था और लिंग के रूप में वह पत्थर महादेव नदी की घाटी में थी। इनका यह भी विश्वास है कि बाल्पक्रम एक पवित्र पर्वत था। जहाँ संजीवनी बूटी उगती थी, जो जीवन की रक्षा करती है। जब लक्ष्मण लंका में मेघनाद से युद्ध करते समय गंभीर रूप से घायल हो गए थे और उनके प्राण संकट में पड़ गए, तब वैद्यराज सुषेन के कहने पर लक्ष्मण के प्राण बचने के लिए हनुमान जी को संजीवनी बूटी सूर्यास्त से पहले लाने के लिए कहा गया। पुराण के अनुसार हनुमान जी ने पूरे विश्व का चक्कर लगाया परन्तु उन्हें संजीवनी कहीं नहीं दिखाई दी। अंत में बाल्पक्रम के पहाड़ में उन्हें संजीवनी बूटी जंगलों में

दिखाई दी। उस समय सूर्य डूबने लगा था और समय बहुत कम बचा था। अत: शीघ्र ही उन्होंने पहाड़ का ऊपरी भाग तोड़ लिया और मूर्च्छित राजकुमार को बचाने के लिए वापिस लौट आए। इसी कारण बाल्पक्रम की पहाड़ी का ऊपरी भाग एक सपाट मेज या पठार के समान हो गया।

डॉ जुरियस एल. आर. मराक, संग्रहालय वैज्ञानिक, निदेशक क़ला, संस्कृति, मेघालय सरकार के अनुसार रामायण में वर्णित 'गंधमादन पर्वत' और कहीं नहीं बल्कि गारो पहाड़ियों में बाल्पक्रम चोटी है। पुराने ज़माने में हिन्दू तीर्थयात्री दूसरे देशों और पड़ोसी देशों से यहाँ वर्ष में एक बार श्रद्धा से आते थे। कुछ वर्ष तक मयमनसिंह के राजवंश (आज बांग्लादेश में) शाही परिवार साल में एक बार यहाँ तीर्थ यात्रा के लिए आते थे और कुछ दिनों के लिए यहाँ रुकते थे।

इसके अतिरिक्त यहाँ कुछ ऐसे साक्ष्य मिलते हैं जिससे यह ज्ञात होता है कि यहाँ कभी हिन्दू धर्म के अनुयायी रहते थे। आज जहाँ आस-पास कोई हिन्दू परिवार नहीं रहता है, ऐसी जगह में महेशखोला मंदिर गारो, खासी पहाड़ियों और बांग्लादेश के बीच स्थित है। इस वीराने में हिन्दू मन्दिर का होना कई सवाल पैदा करता है। वहाँ बहने वाली पाँच समानांतर नदियाँ, जो कि बाल्पक्रम में बहती हैं, उनमें से चार नदियों के नाम हिन्दू धर्म से सम्बंधित हैं। उन चार नदियों के नाम हैं – महादेव नदी, जो महादेव भगवान पर आधारित, महेशखोला नदी – भगवान महेश पर आधारित, उसके बाद गणेशवारी नदी, जो शिव के पुत्र गणेश पर आधारित और कनाई नदी, जो नागों के देवता नाग कन्या पर आधारित है। इनमें से केवल एक नदी है जिसका नाम स्थानीय नाम "चिमिते" है। यह ना'वा के नाम से भी जानी जाती है, इसका अर्थ है – देव नदी। इससे यह अनुमान लगा सकते हैं कि वहाँ किसी समय हिन्दू रहते थे या पूजा करते थे और यह एक पवित्र क्षेत्र माना जाता रहा होगा।

बाल्पक्रम के उत्तर-पश्चिम से थोड़ी दूर पर सनितमंग या विमोंग की पहाड़ियों पर हिन्दुओं की श्रद्धा है। वे इसे भगवान शिव के घर कैलाश के नाम से पुकारते हैं। श्री हेल्सिंग एस. संगमा ने ईसा पूर्व गारो पहाड़ियों के जनजातियों पर

पूर्वी बंगाल (अब बांग्लादेश) के हिन्दुओं का ऐतिहासक एवं सांस्कृतिक प्रभाव का वर्णन किया है। श्री देवानसिंग एस. रोंगमुत्हू ने गारो जनजातियों की सांस्कृतिक, सामाजिक और धार्मिक दृष्टिकोण के प्रति अपने विचार व्यक्त करते हुए लिखा है कि बाल्पक्रम और उसके आस-पास का क्षेत्र मादी-रोंग-कुची (महादेव नदी का स्त्रोत) में प्राचीन गारो समुदाय रहता था। मादी-रोंग-कुची बहुत ही उन्नत और समृद्ध क्षेत्र था। यह उस समय की बात है जब स्वर्ग और पृथ्वी अलग-अलग नहीं थे और धरती पर साधारण मनुष्य का नहीं अपितु देवताओं का निवास था।

हिन्दू विश्वास के समान गारो समुदाय की मान्यता के अनुसार जीवन-चक्र अनन्त है और आत्माएँ अजर-अमर हैं। उनका पुनर्जन्म होता है। मृत्यु के बाद और जन्म के पूर्व जीव आत्मा के रूप में रहती हैं। इनकी मान्यता के अनुसार जीवन-मृत्यु एक अनन्त काल तक चलने वाला एक चक्र है। बाल्पक्रम मृत आत्माओं का घर है, जहाँ आत्माएँ पुनर्जन्म लेने के पहले अस्थायी रूप से रहती हैं। जब किसी व्यक्ति की मृत्यु हो जाती है तो वह इस धरती पर आत्मा के रूप रहता है। इसे स्थानीय बोली में में.मंग (Me.Mang) कहते हैं, जिसका अर्थ है – मृत व्यक्ति की आत्मा। साधारणतया आत्माएँ बाल्पक्रम की ओर जाती हैं, जो आत्माओं का अस्थायी पड़ाव है। जहाँ आत्माएँ कुछ समय रहने के बाद पुनर्जन्म लेती हैं। वे अपने पूर्व जन्म के कर्मानुसार मनुष्य या किसी रूप में जन्म लेते हैं। जन्म लेने से पहले ये आत्माएँ क्योंकि वे अदृश्य रहती हैं अत: उनकी बात कोई नहीं समझ सकता है। आत्माओं के रूप में इस क्षेत्र में चारों ओर घूमती हैं परन्तु मनुष्यों को दिखाई नहीं देती हैं। दुनिया में जो कुछ भी होता है, वे देख सकती हैं परन्तु बता नहीं सकती हैं। कहा जाता है कि एक सूक्ष्म आवरण (कोहरे की तरह) आत्माओं को संसार से अलग करता है। मान्यता है कि आमतौर पर पशु-पक्षी की आत्माएँ बाल्पक्रम में ही रहती हैं लेकिन खास अवसरों में वे दूसरी जगहों में भी घूमती हैं।

कई शिकारियों के अनुभव इस बात की पुष्टि करते हैं। जब वे बाल्पक्रम में शिकार करने जाते हैं तो उनका सामना ऐसी आत्माओं से हुआ, जो चकित

करने वाला है। शिकार करने के दौरान जब वे किसी पशु-पक्षी पर निशाना साधते हैं तो पलक झपकते ही वे आँखों के सामने से अदृश्य हो जाती हैं। अगर एक झलक में उन्हें देखें तो वे सामान्य पशु-पक्षी की तरह दिखाई देते हैं। यह अंतर तब पता चलता है जब इन पर निशाना लग जाता है तो इनके शरीर से खून नहीं बहता है।

इन्हें मारा नहीं जा सकता है क्योंकि वे एक पल में जीवित हो जाते हैं या दूसरे पल में अदृश्य हो जाते हैं। मारे गए स्थान पर खून के निशान नहीं मिलते। कहा जाता है कि वे आत्माएँ पशु-पक्षियों की हैं, जिनके शरीर में मांस नहीं होता केवल कंकाल मात्र होता है। सत्य है आत्माओं का रहस्य मानव कल्पना से परे है, जिसे नकारा नहीं जा सकता है। श्रीमद् भगवतगीता में भी श्रीकृष्ण ने सन्देश दिया है –

न जायते म्रियते वा कदाचिन्नायं भूत्वा भविता वा न भूयः।
अजो नित्यः शाश्वतोऽयं पुराणों न हन्यमाने शरीरे ॥20॥ (सांख्ययोग)

अर्थात् यह आत्मा न कभी जन्म लेती है और न कभी मरती ही है; अथवा ऐसा भी नहीं है कि यह एक बार जन्म लेकर पुनः नहीं जन्म लेती। यह जन्म रहित, नित्य, शाश्वत तथा संतान है; शरीर के नष्ट होने पर भी यह नष्ट नहीं होती। आत्मा एवं पुनर्जीवन सम्बन्धी मूल गारो जनजाति की यह अवधारणा हिन्दू दर्शन के अत्यन्त ही निकट है। दुर्भाग्य से इस समुदाय के लगभग सारे लोगों का धर्म परिवर्तन (ईसाई धर्म) हो चुका है। कहीं-कहीं दूर-दराज के गाँवों में कुछ लोग अपने मूल आस्था का अनुसरण कर रहे हैं और अपनी मान्यताओं के प्रति जागरूकता के प्रति उदासीनता ने इस जनजातीय संस्कृति के अस्तित्व पर प्रश्न चिन्ह लगा दिया है। इस पर गंभीर शोध आपेक्षित है।

चावल के बीज (Hro The Garo Got Rice)

कहते हैं कि जब पूरी सृष्टि की रचना हो गई, तो पृथ्वी (Manepilte) बहुत सुंदर और हरी-भरी दिखाई दे रही थी। जिसे देखकर तातार रबुगा (Tatara Rabuga) बहुत प्रसन्न थे। वे संसार को सदैव सबसे सुंदर देखना चाहते थे अत: संसार के सभी काम अच्छी तरह से हों, सभी अनुशासन में रहें और अपना कर्तव्य पूरा करते हुए सब सही ढंग से अपना जीवन निर्वाह करें। इसके लिए उन्होंने अपने से छोटे देवी-देवताओं को पृथ्वी की चारों दिशाओं में भेजा।

धरती की सुन्दरता बनाए रखने के लिए उन्होंने गंभीरता से कहा – हर कोई अपना काम पूरी ईमानदारी और मेहनत से करे; कोई भी अपनी जिम्मेदारियों से पीछे न हटे। एक दिन कृषि के देवता मिसी अपिल्पा सल्जोंग गलापा निरीक्षण करने निकले तो उन्होंने एक व्यक्ति को आराम से बैठे देखा। वे उससे बड़े गर्मजोशी से मिले। उन्होंने उसका नाम पूछा।

"मेरा नाम अ.नि अपिल्पा चीनी गलापा है," धरतीवासी ने जवाब दिया।

"मेरा नाम भी यही है। मैं भी मिसी अपिल्पा सल्जोंग गलापा के नाम से जाना जाता हूँ। कैसा संयोग है? अपने हमनाम से मिलकर बहुत अच्छा लगा," यह कहकर उन्होंने जोश से हाथ मिलाया। दोनों ऐसे मिले जैसे दो बिछड़े दोस्त बहुत दिनों के बाद मिल रहे हों। दोनों को एक-दूसरे का साथ अच्छा लगा। जब दोपहर हो गई तो मिसी सल्जोंग ने कहा, "मेरे खाने का समय हो गया है क्यों न हम एक साथ बैठ कर खाएँ?" मिसी सल्जोंग की बात पर वह व्यक्ति सहमत हो गया। बात करते हुए वे दोपहर का खाना लेकर बैठ गए। जब स्वर्गवाले दोस्त ने खाने का डिब्बा खोला, तो उसके खाने में से धरतीवासी को बहुत अच्छी खुशबू आई। यह खुशबू स्वादिष्ट सफ़ेद चावलों की थी जबकि धरतीवासी खाने के लिए केवल कच्चा कंदमूल, जड़े लाया था। उस समय उसे अपनी गरीबी का अहसास हुआ। उसे अपने साधारण खाने को लेकर बहुत शर्म आई इसलिए उसने पीठ घुमा लिया। उसका खाना कच्चा और कितना बेस्वाद था; मिसी सल्जोंग ने देख

लिया था। तब उसे पता चला कि धरती का जीवन कितना दुःख भरा था। यहाँ पर मनुष्य कितनी गरीबी में जीता है और जीने के लिए जंगली कंदमूल, जड़ों आदि को खाता है। उसे अपने मित्र पर बहुत दया आई और उसने अपने डिब्बे में से थोड़ा-सा निकालकर उसे खाने के लिए दिया। वह खुशबूदार चावल बहुत स्वदिष्ट था। स्वर्ग का चावल स्वर्ग के जैसा ही स्वादिष्ट था।

खाना खाने के बाद वे आराम से बैठ गए। उस समय स्वर्ग के मित्र ने पूछा -क्या कारण है कि धरती के लोग कच्ची सूखी जड़े और कंदमूल खा रहे हैं? उन्होंने चावल की खेती क्यों नहीं शुरु की? पृथ्वी के मित्र ने संकोच के साथ कहा उन्हें इतने स्वादिष्ट चावल के बारे में पता नहीं था। उसने अपने दोस्त से कहा – अगर हो सके, तो उसे ऐसी फसल का बीज दे दे।

"क्यों नहीं? स्वर्ग पहुँचने के बाद जब बीज बोने का समय होगा, तब मैं तुम्हारे लिए बीज भेज दूँगा पर मेरी एक शर्त है। तुम वादा करो कि मुझे धन्यवाद देने के लिए तुम अपनी फसल का एक हिस्सा मुझे दोगे। आशा करता हूँ कि तुम भूलोगे नहीं," मिसी अपिल्पा सल्जोंग ने कहा।

धरतीवासी बहुत खुश हुआ और उसने शर्त स्वीकार कर लिया। उसने कहा – मैं आपको कैसे भूल सकता हूँ? आप मेरे हितैषी हैं। अगर आप सचमुच बीच देंगे, तब हम उसकी खेती करेंगे। मैं वादा करता हूँ कि सबसे पहले फसल आपको चढ़ाई जाएगी। उसके पहले कोई नहीं खाएगा। वह बीज पाने के लिए बहुत आतुर था।

कृषि के देवता मिसी सल्जोंग ने अपना वादा पूरा किया। जब बीज बोने का समय आया तो उन्होंने अपने मित्र के लिए कई प्रकार के बीज भेजे। उनके बताये गए तरीके से धरतीवासी ने जंगल का कुछ भाग साफ़ किया और झाड़ियों को जला दिया फिर अपने मित्र द्वारा भेजे गए बीजों को बो दिया। उसने कृषि के हर स्तर पर अपने मित्र के लिए पूजा और अनुष्ठान किया। तभी से गारो प्रदेश में झूम खेती आरम्भ हुई। (जो आजकल प्रतिबंधित है।)

मनुष्य को बहुत अच्छी पैदावार मिली। उसने फसल बोने से पहले जो वादा किया था, उसे पूरा किया। उसने वादा पूरा करने के लिए मिसी सल्जोंग को हृदय से धन्यवाद देने के लिए चुने हुए फल और अच्छे चावल की शराब अर्पित किया। तभी से फसल पकने के बाद धन्यवाद देने के लिए "वन्गला" त्यौहार का आरम्भ हुआ। आज भी गारो जनजाति (गैर ईसाई) के लोग इन रीति-रिवाजों को पूरी तरह से मानते हैं। जब तक पूजा-अनुष्ठान नहीं होता तब तक कोई झूम खेती करने वाला अपनी फसल नहीं खाता। रोंग्चू गाला (Rongchu Gala) अनुष्ठान के बाद ही वे अपनी पकी हुई धान की फसल इकट्ठी करके पतिगिपा रारोंगिपा (Patigipa Rarongipa) को अर्पित करते हैं। इसके बाद पहले से पकी हुई कुछ फसल खा लेते हैं लेकिन ससत सो'अ और रुगाला की पूजा करके, उन्हें चावल चढ़ा कर ही सबलोग तैयार फसलों का प्रयोग करते हैं। अत: वन्गला त्योहार सभी रीति-रिवाज का केंद्र है और यह झूम से जुड़ा है। इसे पूरे उत्साह से कई दिनों तक मनाया जाता है। जब तक गाँव में चावल की शराब रहती है, लोग उत्सव मनाते हैं।

मिथक के अनुसार पहली बार वन्गला उत्सव संग्कनी मी. एनमा द्रोंगमा (Sangkni me.enma drongma) द्वारा मनाया गया। यह झूम से सम्बंधित नहीं है। संग्कनी ने यह उत्सव ईश्वर को खुश करने के लिए मनाया था। एक दिन वह गर्मी तथा सूखे से परेशान होकर मरने वाली थी, तब उसे संसार की रक्षा करने वाले एक शक्तिशाली ईश्वर का अहसास हुआ। संग्कनी अब तक पानी का सबसे बड़ा स्त्रोत था और उसे अपने पर बहुत अभिमान था। उस साल भयंकर सूखा पड़ने के कारण जब झरने और नदियों का पानी सूख गया। वह भी अपनी जान गँवाने वाली थी तब अपनी जान बचाने के लिए गहरे पानी में अपने आपको डुबाकर रखना चाहती थी परन्तु उसे अपनी आकार का पानी नहीं मिला, तब उसे ज्ञात हुआ कि उसका आकार और शक्ति उसे जीवित नहीं रखती। उसने सोचा कि इस संसार में ज़रूर कोई शक्ति उससे भी ऊपर सर्वशक्तिमान है। उसे

पश्चाताप हुआ और उसने अपनी ज़िन्दगी ईश्वर को सौंप दी आखिर ईश्वर ही सबकी रक्षा करता है।

संग्कनी के मन में सच्चा पश्चाताप हुआ और उसने अपना घमंड दूर करने के लिए पहला धार्मिक अनुष्ठान करने के लिए सोचा। उसने पृथ्वी के सभी जानवरों को उस आयोजन में आमंत्रित किया। इस आयोजन में पृथ्वी और जल में रहने वाले जीवित प्राणियों ने भाग लिया। किसी कारण मनुष्य इस आयोजन में भाग नहीं ले सका। चूँकि मनुष्य इस आयोजन में भाग नहीं ले सका अत: उसकी अनुपस्थिति में उन्होंने मिट्टी से मानव की मूर्ति बनाई और मुलायम बाँस पर मुर्गे के पँख लगाकर उसे पहना दिया। आयोजन पूरा हुआ, जिसमें सबने भाग लिया। उन्होंने पानी के नीचे एक के बाद एक पूजा की हर विधि को पूरा किया। इससे मनुष्य बहुत प्रभावित हुआ और उन्होंने भी इसे करने के लिए सोचा। तब से वन्गला, जो कि कुछ स्थानों में रोंग्चू गाला या द्रु वान्बोला के नाम से मनाया जाने लगा। यह गारो जनजाति का सबसे प्रमुख धन्यवाद ज्ञापन करने वाला उत्सव बन गया। अत: वन्गला मिसी सोल्जोंग और फसलों की देवी रोकिमेमा (Rokimema) को धन्यवाद देने के लिए मनाया जाता है। ध्यातव्य है कि मेघालय की गारो जनजाति की ही भाँति खासी-पनार जनजाति में भी ईश्वर का धन्यवाद ज्ञापन करने के लिए "का शाद सुक मैन्सम" मनाया जाता है। जो ईश्वर के प्रति इनकी आस्था को दर्शाती है और साथ ही नैतिक-सामाजिक मूल्यों की स्थापना भी करता है।

ते.-तेंग (बौने)

गारो मान्यताओं के अनुसार ते.-तेंग योगिनी परिवार के हैं। ये लोग इंसानों की तुलना में छोटे होते हैं। इनका कद ढाई या तीन फीट से ज्यादा नहीं होता; देखने में ये तीन साल के बच्चों के समान दिखाई देते हैं लेकिन इनमें असाधारण शक्ति होती है। ये एक बड़े आदमी को एक हाथ से उठाकर उसे चारों ओर घुमाकर फेंक सकते हैं। इनके पैर पीछे की ओर घुमे हुए होते हैं जिसके कारण पैरों के निशान पीछे की ओर पड़ते हैं। ये ऊँची पहाड़ियों में बनी गुफाओं में रहते हैं, जहाँ आमतौर पर लोग नहीं जाते हैं। पूरी गारो पहाड़ियों में अनेक गुफाएँ हैं, जहाँ ते.-तेंग या ते.-तेंग्कोल रहते हैं। एक ऐसी ही गुफा तुरा के बीचो-बीच है और कई गुफाएँ शहर के आसपास भी पाई जाती हैं। पहले हर कोने में असंख्य गुफाएँ पाई जाती थीं।

पुराने ज़माने में तुरा (गारो पहाड़ियों की राजधानी) के चारों ओर सूनसान और घने जंगल थे परन्तु लगातार जंगलों की कटाई के कारण घने वन नहीं रहे। यहाँ कुछ छोटी गुफाओं में ते.-तेंग रहते थे। इसके प्रमाण के रूप में उन गुफाओं में ते.-तेंग के प्रयोग में आने वाली छोटी-छोटी वस्तुएँ जैसे – बर्तन, फर्नीचर, घरेलू समान आदि मिलते हैं। ये बहुत आज्ञाकारी और विनम्र होते हैं। ऐसा माना जाता है कि अगर ते.-तेंग पर किसी का अधिकार हो गया तो वे अपने मालिक के लिए कुछ भी करने के लिए तैयार रहते हैं। मालिक की आज्ञानुसार धन, गहना, अनाज आदि ले आते हैं। वे आसानी से बड़े-बड़े खम्बे उठा लेते हैं परन्तु सूरन (कंद का एक प्रकार) के पत्ते तक को नहीं हिला सकते।

गारो समुदाय में ऐसी कई कहानियाँ प्रचलित हैं, जो बताती हैं कि ते.-तेंग ने किस प्रकार लोगों की सहायता की है। इन कहानियों में एक विधवा स्त्री गत्मी की कहानी है, जिसकी मदद ते.-तेंग ने की थी। वह बहुत गरीब थी और अकेली रहती थी। कहा जाता है कि गत्मी जंगल में जंगली सूरन लाने गई। जब वह सूरन

खोद रही थी, तो उसी समय उसे अपने करीब "गत्मी ! गत्मी !" की पुकार सुनाई दी। आवाज़ सुनकर उसने पीछे देखा तो उसे कोई नहीं दिखाई दिया। वह इतनी डर गई कि वह अपनी टोकरी उठा कर भागने लगी। इतने में एक बहुत छोटी लगभग तीन साल की बच्ची के बराबर एक औरत झाड़ियों के पीछे से निकलकर सामने खड़ी हो गई और गत्मी से अपने बाल झाड़ने के लिए अनुरोध करने लगी। गत्मी उसे देखकर इतना डर गई कि उसकी समझ में नहीं आया कि वह वहाँ रहे या वहाँ से भाग जाए। वह बस वहीं खड़ी की खड़ी रह गई।

"मुझसे मत डरो, मैं तुम्हें कोई हानि नहीं पहुँचाऊँगी। मेरे सिर में बहुत खुजली हो रही है इसलिए कृपया मेरा सिर झाड़ दीजिए।" ते.-तेंग की बात सुनकर गत्मी का शरीर अकड़-सा गया और वह हिल-डुल नहीं सकी। ते.-तेंग सामने खड़ी होकर अपने सिर में कंघी करवाने का इंतजार करने लगी। गत्मी के पास उसकी सहायता करने के और कोई चारा न था। उसका सिर जुओं से भरा था। उसे साफ़ करने में गत्मी का पूरा दिन लग गया। शाम हो गई, गत्मी ने उसे छोड़ने के लिए कहा पर ते.-तेंग उसे छोड़ने के लिए तैयार ही नहीं हुई क्योंकि उसे आराम मिल रहा था। जब बहुत देर हो गई तो गत्मी बड़बड़ाने लगी – मुझे देर हो रही है, अब मैं सूरन कैसे खोद पाऊँगी? यह सुनकर ते.-तेंग ने कहा – तुम चिंता मत करो। मैं यथासंभव तुम्हारी मदद करूँगी।

ते.-तेंग ने पूछा – क्या तुम्हारे पास पर्याप्त चावल हैं? इस पर गत्मी ने गुस्से से कहा – अगर मेरे पास खाने के लिए पर्याप्त चावल होता तो मैं यहाँ जंगल में सूरन निकालने नहीं आती। मेरे पास शायद एक किलो चावल हो सकता है। इस पर ते.-तेंग ने कहा, "तुम पूरा चावल मत पकाना, उसमें से एक या दो मुट्ठी चावल बर्तन में रहने देना।"

सूरज डूबने लगा। ते.-तेंग गत्मी की सेवा से बहुत खुश हुई और उसने जाने की इजाजत दे दी। गत्मी ने जल्दी-जल्दी ताज़े सूरन टोकरी में भरा और घर की ओर चल पड़ी। उसने आश्चर्य से ते.-तेंग स्त्री को देखा और उसका आशीर्वाद लेकर घर लौटी। उसके बाद उसने पूरी ज़िन्दगी आराम से बिताई। ते.-तेंग के

कहे अनुसार उसने मुट्ठी भर चावल अपने जार में रख छोड़ा, जो बाद में कभी नहीं घटा। लोग कहते हैं कि ते.-तेंग की कृपा उस पर हमेशा बनी रही। इसलिए बड़े-बुजुर्ग घर की स्त्रियों से कहते हैं कि अनाज का बर्तन पूरी तरह से कभी भी खाली नहीं करना चाहिए। इससे ते.-तेंग की कृपा समाप्त हो जाती है।

ऐसा ही कुछ समय पहले एक आदमी ते.-तेंग के साथ बहुत डरावना हादसा हुआ। एक आदमी, जिसका नाम मिक्जांग था, वह पहाड़ी की ढाल पर बैठकर नदी से छोटी-छोटी मछलियाँ पकड़ रहा था। उसी समय उसने किसी के चिल्लाने की आवाज़ सुनी – यह लड़का है। इसे क्या नाम देना चाहोगे? ते.-तेंग स्त्री ने एक बच्चे को जन्म दिया था और दाई बच्चे का नाम पूछ रही थी। उस आदमी को यह सुनकर बहुत आश्चर्य हुआ और वह अपने को रोक नहीं पाया; उसने चिल्लाकर जवाब दिया, "उसे मिक्जांग बुलाओ क्योंकि मेरा नाम मिक्जांग है, ठीक है न?" जल्दी ही दो लम्बे डंडे लेकर पहाड़ी से दो ते.-तेंग वहाँ आए और उन्होंने उसका पीछा किया।

काफी देर तक दौड़ने के बाद उसे सूरन का गड्ढा मिला, वह उसमें छिप गया। ते.-तेंग उसे सूरन के गड्ढे में छिपा देखकर घबरा गए। सूरन उनके लिए अभिशाप है इसलिए वे उसके नजदीक नहीं जा सकते। यहाँ तक कि वे उसे डंडे से छू भी नहीं सकते अत: सूरन के कारण मिक्जांग सुरक्षित बच गया।

उसने क्रोधित ते.-तेंग के लौटने का इंतजार किया। जब वे चले गए, तो वह जल्दी से गड्ढे बाहर आया और घर की ओर दौड़ पड़ा। वह इतना डरा हुआ था कि घर लौटकर उसने इस भयानक घटना के बारे में बार-बार लोगों को सुनाता रहा।

सच तो यह है कि ते.-तेंग किसी को अकारण हानि नहीं पहुँचाते बल्कि ऐसा विश्वास है कि अगर कोई उनकी सहायता करता है खासकर उस समय जब उन पर सूरन का पत्ता गिर जाता है, तो वे उसकी हर तरह से मदद करते हैं। ऐसी कई कहानियाँ भी हैं, जिसमें लोगों ने ते.-तेंग का सूरन के प्रति डर के कारण इनका गलत ढंग से फायदा उठाया है।

एक दिन एक आदमी ने देखा कि ते.-तेंग बच्चा अकेला सोया हुआ है और उसकी माँ थोड़ी दूर काम में व्यस्त थी । मौका देखकर उसने जल्दी से सूरन का पत्ता तोड़ा और सोते हुए बच्चे पर रख दिया। उसके बाद वहाँ एक बड़ी चट्टान के पीछे छिप गया। सूरन का पत्ता ते.-तेंग के लिए बहुत भारी होता है। यद्यपि वे बलशाली होते हैं परन्तु सूरन का पत्ता हिला भी नहीं सकते। जल्दी ही पत्ते के भार से बच्चा रोने लगा। रोना सुनकर उसकी माँ दौड़कर आई; उसने पत्ते को हटाने की बहुत कोशिश की परन्तु वह उठा नहीं पाई । तब उसने एक छेद में से एक साँप निकाला और पत्ते को हटाने की कोशिश की पर असफल रही । लाचार माँ मदद के लिए पुकारने लगी – कोई है आसपास? कृपया, आओ और मेरे बच्चे को बचाओ, बदले में मैं उसे कुछ भी दूँगी।

वह जोर-जोर से चिल्ला रही थी। उसकी आवाज़ और भी तेज़ होती जा रही थी साथ ही उसकी बेचैनी भी बढ़ती जा रही थी। वह आदमी पूरी घटना को ख़ुशी-ख़ुशी देख रहा था । वह छिपे हुए स्थान से ऐसे बाहर आया मानों वह अचानक आ गया हो। जैसे ही ते.-तेंग स्त्री ने उसे देखा, उसने उससे अपने बच्चे को बचने के लिए कहा और वादा किया कि उसके बदले वह कुछ भी देगी । वह आदमी बच्चे के पास गया और उसने आसानी से पत्ते को हटा दिया । माँ बहुत खुश हुई और उसने उसे बार-बार धन्यवाद दिया। वह अपने बच्चे को गोद में उठा कर चूमने लगी। उसने आदमी से पूछा कि उसे धन-दौलत, भाग्य-यश, शक्ति-पद या अनाज या कोई भी चीज़ में से क्या चाहिए? वह आदमी एक मेहनती किसान था। उसने कहा – उसे केवल अपनी झूम खेती में अच्छी फसल चाहिए। ते.-तेंग ने बिना किसी संकोच के उसकी इच्छा पूरी की।

हर साल उसे ते.-तेंग के आशीर्वाद से अच्छी फसल प्राप्त होती रही। जब तक वह जीवित रहा उसका गोदाम अनाज से भरा रहता था। पुराने ज़माने में जब भी लोगों का ते.-तेंग से सामना होता था तो वे इस प्रकार उनका फायदा लेते थे और उसकी कृपा प्राप्त करके आराम से जीवन बिताते थे।

स्वतंत्रता संग्राम सेनानी -तोगन नेंग्मिज़ा

पूर्वोत्तर क्षेत्रों में जब अधिकतर कबीलों के सरदार, प्रमुख एवं राजा एक-एक करके ब्रिटिश सेना के सामने हथियार डाल रहे थे, वहीं कुछ ऐसे भी रणबाकुरे थे, जिन्होंने अपने जीते जी अंग्रेजों की गुलामी स्वीकार नहीं की अपितु अंतिम समय तक सीमित और पारम्परिक हथियारों से उनका विरोध किया। उनमें से एक है – गारो पहाड़ियों के आदिवासी स्वतंत्रता संग्राम सेनानी तोगन नेंग्मिज़ा। इन्होंने आधुनिक हथियारों से सुसज्जित ब्रिटिश सेना का सामना अपने मुट्ठी भर साथियों के साथ किया।

सन् 1872 में ब्रिटिश सेना घने जंगलों के बीचोबीच सड़क बना रहे थे, जहाँ गारो आदिवासी रह रहे थे। वे पिछले कई दशकों से गारो विद्रोही आदिवासियों को दबाने की कोशिश कर रहे थे परन्तु उन्हें सफलता नहीं मिलती थी। जबकि उस समय तक धीरे-धीरे पूरे भारत पर अंग्रेज़ों का अधिकार हो गया था और लगभग सभी कबीलों ने आत्मसमर्पण कर दिया था पर इनमें से कुछ कबीले अपनी आज़ादी के लिए लगातार संघर्ष कर रहे थे। यह 1872 की आज़ादी के लिए अंतिम लड़ाई थी।

अंत में ब्रिटिश उपनिवेशकों ने गारो पहाड़ियों पर तीन दिशाओं से आक्रमण करने का निश्चय किया। कॉलोनेल हॉगटन (Colonel Houghton) ने अपनी सेना को तीन योग्य जनरल के नेतृत्व में विभाजित कर दिया। ग्वालपारा के डिप्टी कमिश्नर कैप्टन डेविस को बजेंग्दोबा से होकर जाना था ; कैप्टन डल्ली पुलिस अधिकार कछार को सिजू रेवाक से होकर दक्षिण से कैप्टन डब्लू. जे. विल्लिंसोन, डिप्टी कमिश्नर तुरा से आगे जाना था।

कैप्टन डल्ली (Dally) युद्धभूमि में पहुँची और उन्हें सिम्सोंग नदी के किनारे मत्छु रोंक क्रेक (Matchu Ronk Krek) पर डेरा डाला। जिस समय ब्रिटिश सिपाही वहाँ पहुँचे, कुछ गारो मुखिया थे, जिन्होंने अपनी जगह देने से इंकार कर दिया। वे अपनी भूमि के लिए हर तरह से संघर्ष करने के लिए तैयार

थे। उस समय यह बात गारो मुखियाओं तक पहुँची कि सरकारी सिपाही छेददार भले के साथ आएँ हैं, जो दूर से आग उगलती है । घने जंगलों रहने वाली इस जनजाति ने ऐसा हथियार पहले कभी भी नहीं देखा था। अधिकतर मुखिया बहुत घबरा गए क्योंकि उन्हें नहीं पता था कि इस हथियार से खुद को और अपनी मातृभूमि को कैसे बचाएँगे? उन्होंने आपस में बहुत विचार-विमर्श किया और अंत में अंग्रेजों से तब तक युद्ध करने का निर्णय लिया जब तक एक भी गारो जीवित रहेगा पर जीते जी वे अंग्रेजों की आधीनता नहीं स्वीकार करेंगे । अब समस्या यह थी कि आग उगलती स्टील की नलियों का सामना कैसे किया जाए? विलियम कारे के गारो जंगल बुक "Gowal" के अनुसार उनमें जो सबसे बहादुर था, उसने सोचा कि वह इसका हल निकाल लेगा। केले का तना फैलती आग के आगे टिक सकता है, यह बात उसे पता थी। इसके लिए उसने अपना जलता हुआ लाल लोहे के भाले को केले के तने में डाला तो वह तुरंत ठंडा हो गया। यह देखकर वह बहुत जोश में भर गया। उसे अपने योद्धाओं के लिए युद्ध करने का सही तरीका मिल गया। इस बात की जानकारी और लोगों को मिली तो वे भी जोश में भर गए। वह व्यक्ति था, उनका नेता 'तोगन नेंग्मिन्ज़ा (Togan Nengminza) और उसका साथी गिल्सोंग दल्बोत. (Gilsong Dalbot.)' ।

गारो योद्धाओं ने छिपकर आक्रमण करने की योजना बनाई। भोर होते ही पूरे जोश और आत्मविश्वास के साथ वे केले के दो-दो तने लेकर घने जंगलों में रेंगते हुए पहुँचे और शत्रुओं पर टूट पड़े । वे लगातार बढ़ते रहे और बंदूकों की आवाज़ पर ही रुके परन्तु वे घबराए नहीं । शत्रुओं का सामना करते हुए, अपने आप को बचाते हुए वे उनके खेमे में घुस गए। एक सेकेण्ड में बारूदों और गोलियों की बौछार होने लगी। उसका बहादुर मित्र गिल्सोंग दल्बोत. शहीद हो गया। उसे शहीद होते देख योद्धाओं का आत्मबल कम हो गया परन्तु वे हिम्मत नहीं हारे और युद्ध करते रहे । तोगन नेंग्मिन्ज़ा भी युद्ध करते हुए शहीद हो गया । उसके बाद बचे हुए समूह ने आत्मसमर्पण कर दिया।

आज की पीढ़ी इस घटना की इसलिए हँसी उड़ाती है कि देशप्रेमी गारो जनजाति ने ब्रिटिश सेना के आधुनिक अस्त्र-शस्त्र का सामना केले के तने और भाले से किया परन्तु सत्य तो यह है कि घने जंगलों में आज़ादी से रहने वाले आदिवासी बाहरी सभ्यता से बिल्कुल अनजान थे। उन्होंने कभी बन्दूक नहीं देखी थी न ही उन्हें पता था कि उसे कैसे चलाया जाता है। उन्होंने सोचा कि बन्दूक एक ऐसा भाला है, जो आग उगलती है और उसे केले के तने के द्वारा रोका जा सकता है। इन सबके पीछे उनके त्याग, बलिदान और देश प्रेम की भावना प्रबल थी। मुट्ठी भर वीरों ने पूरी निडरता और साहस से गुरिल्ला युद्ध किया। इसमें कोई संदेह नहीं है कि तोगन नेंग्मिन्ज़ा एक वीर, देशप्रेमी और सच्चे स्वतंत्रता सेनानी थे। जिन्होंने अंतिम साँस तक अंग्रेजों के आधुनिक हथियारों का सामना भाले और केले के तने से किया। मातृभूमि के ऐसे वीर सपूतों को सलाम।

बुगा चंग्सन

इतिहास के अनुसार गारो जनजाति के लोग तिब्बत के निवासी थे और वे महामारी फैलने के कारण समय-समय पर कई समूहों में वहाँ से दूसरी जगहों पर चले गए। कई सदियों तक भटकते हुए मैन्मार के रास्ते एक समूह बांग्लादेश के मैदानों से होकर घने जंगलों में पहुँचा। जिसका नेता 'ओक राजा असिलिक गिटेल' था । वह स्थान पूरी तरह से निर्जन था और उस वन प्रदेश पर किसी जनजाति या देश का अधिकार नहीं था।

ये शिकारी और बहादुर थे । घने जंगलों में बसने से पहले समूह के मुखिया ने कुछ लोगों के समूह को वहाँ निरीक्षण के लिए भेजा, जिससे यह पता लगाया जा सके कि वहाँ बसने की संभावना है या नहीं। स्टेफन टी. संगमा ने अपनी पुस्तक "Our-heritage-Brief Narration Ancient Garos" में गारो जनजातियों की उस समय की दशा के बारे में लिखा है कि पूरा जंगल जंगली जानवरों से भरा पड़ा था और वे विशालकाय दानव पक्षी हवाक से बहुत भयभीत थे । यद्यपि घना वन प्रदेश जंगली और खूंखार जानवरों से भरा पड़ा था, बाघ दहाड़ते थे । जंगल इतना घना था कि दिन में भी अँधेरा छाया रहता था और जुगनू चमकते दिखाई देते थे पर उनकी ज़रूरत के अनुसार ठीक था। इस प्रकार कई समस्याओं के बाद भी उन्होंने उस प्रदेश में रहने का निर्णय लिया।

एक दिन वे लोग एक विशालकाय दानव पक्षी को हिरण-शावक को आराम से उठाते देखकर बहुत घबरा गए । वह इतना विशाल था कि बड़े-बड़े पालतू पशुओं को आराम से उठा लेता था। जैसे-जैसे दिन बीतने लगे, वह उनके पशुओं और छोटे-छोटे बच्चों को, जब वे अकेले होते थे, उन्हें उठाकर ले जाता था । यह देखकर पूरा समुदाय बहुत ही भयभीत हो गया और वे उस हवाक को मरने का उपाय सोचने लगे। वे किसी भी तरह उसे मारना चाहते थे।

उस समूह में उस समय सबसे बुजुर्ग, शक्तिशाली और बहादुर योद्धा था, जिसका नाम था – मत्रिक बुगा चंग्सन

दिक्का रेंग्राप
मिकिल गित्चक
गिन्तिंक गिन्चोक.
रंगसा गित्चक मराक

(Matgrik Buga Changsan Dikka Rengrap, Mikil Gingchok. Rangsa Gitchak Marak) वह समूह के साथ उस विशालकाय हवाक की खोज में निकला। उसने उसे एक विशाल बरगद की शाखा पर बैठे देखा। समूह का नेता होने के कारण रास्ते में आने वाले हर खतरे को दूर करना उसका कर्तव्य था लेकिन उसकी एक समस्या थी कि उसकी नज़रें कमजोर थीं परन्तु वह अपने कर्तव्य से मुँह नहीं मोड़ना चाहता था साथ ही यह उसकी प्रतिष्ठा का सवाल भी था। उसने अपने बेटे से कहा कि वह उसे अपनी पीठ पर बैठा ले जिससे वह अपना लक्ष्य अच्छी तरह से देख सके। बेटे ने उसे पीठ पर बैठा लिया। निशाना साधते हुए उसने कहा – बेटा, ध्यान देना। अगर विशालकाय हवाक पर निशाना लग जाए और उसका घोंसला गिरने लगे, तीन शाखाएँ और बाँस हिलने लगे, तब तुम जोर से चिल्लाना 'जीत गए'।

उसने निशाना साधा और वार किया। निशाना सही जगह पर लगा। वह विशालकाय हवाक को लगा। उसके ऊँचे घोंसले ने तीन शाखाओं को तोड़ दिया। शाखाएँ टूटीं और बाँस उसके भार से झुक गए। यह देखकर उसका बेटा, डोरा स्नल रोम्ब्रा संगमा जीत की ख़ुशी में चिल्लाया – "का संगमा का राका" (Ka Sangma Ka Raka) कैम्प में सभी यह सुना और उन्हें पता चल गया कि उनके वृद्ध योद्धा ने कार्य कर लिया है। उसने विशालकाय हवाक को मार गिराया है। जिस जगह पर वह विशालकाय हवाक गिरा था, वह स्थान डो' रेंगो वा. डाचोंग. के नाम से जाना जाता है। यह स्थान सिजू गाँव के दाहिनी ओर स्थित है। आज भी इस वीर योद्धा को उनकी वीरता के लिए याद किया जाता है, जिसने अपनी बुद्धि एवं बल द्वारा अपने पूरे समुदाय की रक्षा की।

आविल और सिंग्विल्ल

एक समय की बात है कि गारो पहाड़ियों पर एक आदमी अपनी पत्नी के साथ छोटे से गाँव में रहता था। उस परिवार में उसकी एक विधवा सास और चार बेटियाँ थीं। उसकी दो बड़ी बेटियाँ आविल और सिंग्विल्ल थीं। वे उम्र में बड़ी थीं और घर के काम-काज में हाथ बँटाती थीं और उनकी दो छोटी बहनें दिमसे और नोजे बहुत छोटी थीं।

उसकी बूढ़ी सास स्वभाव से झक्की, दुखी और दुष्ट थी । न जाने क्यों वह अपनी दोनों बड़ी पोतियों से नफ़रत करती थी कि उन्हें उनके माता-पिता से पिटवाने और तकलीफ देने का कोई अवसर भी नहीं छोड़ती थी । जब उनके माता-पिता झूम खेती से वापस आते तो वह झूठी कहानियाँ बनाकर उनकी शिकायत करती । उनके माता-पिता आँख मूंदकर उस वृद्ध औरत की बातों पर विश्वास कर लेते थे। उन्होंने कभी उस पर संदेह नहीं किया इसलिए जब भी वह बड़ी लड़कियों की शिकायत करती, तो बिना सच्चाई जाने वे वृद्ध औरत की तरफदारी करते और उन्हें बुरी तरह पीटते । दोनों को सफाई देने का मौका ही नहीं मिलता अत: वे चुपचाप सबकुछ सहती रहतीं। दूसरी ओर बूढ़ी और झक्की औरत उन्हें तकलीफ में देखकर खुश होती थी।

जब वे लड़कियाँ धान कूटकर चावल साफ़ करके एक बड़े बर्तन में रखतीं तो दुष्ट नानी उसे चुपके से बिखरा देती और वहाँ कुछ चूहे छोड़ देती या कोयले के टुकड़े डाल देती। इस तरह वह गन्दी चालें चलती। जब वे पानी भरती तो उसमें बालू, मिट्टी या कंकड़ डाल देती अक्सर पके हुए चावल या भात में बाल या गन्दी चीजें मिला देती इस तरह पूरे साल एक के बाद एक हमेशा कुछ न कुछ चलता रहता और दोनों लड़कियाँ हर शाम अकारण अपने माँ-बाप से पीटी जातीं। मार खाना मानों उनकी नियति बन गई थी। उससे बचने का कोई उपाय नहीं था। नोसे और दिमसे इतनी छोटी थीं कि वे माँ-बाप से कुछ नहीं कह सकती

थीं। अगर वे कहतीं तो भी उनके माता-पिता उन पर विश्वास नहीं करते। दुष्ट नानी झूठ बोलती और तरह-तरह की झूठी कहानियाँ गढ़ती।

एक दिन आविल का पिता अविल्पा बाज़ार गया। उन दिनों बाज़ार बहुत दूर होता था और कभी-कभी लगता था। एक बाज़ार से दूसरे बाज़ार लगने बीच में काफी अंतर होता था। ये बाज़ार एक ही स्थान में नहीं लगते थे अतः बाज़ार भी नियमित नहीं होते थे। यह समय और स्थान पर निर्भर होता था। अविल्पा उस समय घर में नहीं था और हमेशा की तरह लड़कियों की माँ अविल्मा झूम खेती के लिए चली गई। उसने सूर्यास्त से पहले आविल और सिंग्विल्ल को कई काम पूरा करने के लिए कहा। उन्हें गोदाम से धान निकाल कर कूटना था और खाना बनाना था। सूअरों की देखभाल कर उन्हें खाना देना था।

जैसे ही अविल्पा गई दोनों बहनों ने गोदाम से धान निकाल कर चटाई पर धूप में सुखा दिया। धीरे-धीरे उन्होंने अपना काम पूरा कर लिया। वह दिन बहुत उमस भरा और गरम था। उनकी छोटी बहनें लगातार बड़ी बहनों से नदी में नहाने की जिद कर रहीं थी। आविल और सिग्विल्ल ने उन्हें समझाया कि वे इंतज़ार करें परन्तु वे नहीं मानी और रोने लगीं। उनको रोता देखकर बड़ी बहाने तैयार हो गईं। उन्होंने अपनी नानी से अनुरोध किया कि चटाई पर सुखाए धान की देखभाल करें क्योंकि वे छोटी बहनों को नदी में नहलाने ले जा रहीं हैं। जब वे नदी के किनारे पहुँची तो पानी में खेलते हुए माँ के दिए गए कामों को भूल गईं। दोपहर को जब वे लौटीं तो वे घबरा गईं क्योंकि चटाई पर धान का एक भी दाना नहीं था। उन्होने नानी से पूछा – नानी, धान के दाने कहाँ गए? नानी के चिल्लाकर कहा –

तुम दोनों मुझसे क्या उम्मीद करती हो? तुमलोग किसी भी काम की नहीं हो। तुमलोग क्या समझती हो? क्या मैं तुम्हारी नौकर हूँ? भगवान के लिए तुम लोग समझो कि मैं तुम्हारी नानी हूँ न की आदेश मानने वाली नौकरानी। जानकारी के लिए बता दूँ कि जैसे ही तुम लोग धान खुला छोड़कर गई, वैसे ही

उस समय घर के सूअर, मुर्गे आदि आए और सारा दाना खा गए। मैं एक बूढ़ी औरत हूँ। मैं क्या कर सकती थी?

वास्तव में जैसे ही बच्चे वहाँ से गए, नानी को उन्हें तंग करने का सुनहरा अवसर मिल गया। उसने सारा धान कूड़े में डाल दिया, जिसे सूअर और मुर्गे ने खा लिया था। लड़कियों के काटो तो खून नहीं। वे बहुत डर गईं क्योंकि उन पर भारी मुसीबत आने वाली थी। उन्होंने जल्दी से धान निकाला और कूटने लगीं। दुर्भाग्य से उनके काम पूरा करने के पहले ही उनकी माँ आ गई। उसके टोकरी रखने से पहले ही नानी शिकायत करने लगी – ओह ! इन लापरवाह लड़कियों ने धान-धान चटाई पर फैला दिया और पूरे दिन नदी के किनारे खेलती रहीं। धान को ऐसे ही खुला छोड़ दिया इसलिए सूअरों और मुर्गों को खाने का मौका मिल गया। ये सूर्यास्त के बाद आई हैं और तुम्हारे डर से धान निकालकर कूटना शुरु किया है इसलिए इन्हें सजा मिलनी चाहिए।

उनकी माँ बहुत भूखी और थकी हुई थी। दिनभर कड़ी मेहनत करने के बाद जैसे ही घर पहुँची, उसे अपनी गैरजिम्मेदार बेटियों की शिकायत मिली। बिना सच्चाई जाने हमेशा की तरह उसने काँटेदार जलाने वाली लकड़ी निकाली और बेटियों को पीटने लगी। उन्हें इतनी बुरी तरह पीटा कि उनके चोटों से खून निकलने लगा। उनका पूरा शरीर चोटों से भर गया और वे बेहोश हो गईं। इतना ही नहीं उनकी माँ क्रोध में आकर उन्हें घसीटती हुई सूअरों के दड़बे में ले गई और उन्हें बंद कर दिया। उन्हें खाना-पीना भी नहीं दिया। बेचारी लड़कियों को सूअरों के बदबूदार दड़बे में पूरी रात अँधेरे में बितानी पड़ी। वे पूरी रात भूखी-प्यासी रात भर रोती रहीं और अपने किस्मत को कोसती रहीं।

दूसरे दिन ही उनकी माँ ने उन पर दया नहीं दिखाई। उनका शरीर धूल से भरा; गन्दा था और उनके घावों से खून बह रहा था। वे भूखी-प्यासी थीं। इतनी कड़ी सजा देने के बावजूद भी उनकी माँ का गुस्सा कम नहीं हुआ था, उसने सूअरों का दड़बा खोलने से मना कर दिया और बिना उनकी परवाह किए झूम खेती के लिए चली गई। संयोग से सुबह कुछ बच्चे वहाँ पास में खेलने आए।

वे गोल-गोल बीजों को फेंक-फेंक कर खेलने लगे। उनमें से एक बीज दड़बे में चला गया। एक लड़का बीज निकालने के लिए वहाँ आया जब उसने झाँक कर देखा तो उसे बहुत आश्चर्य हुआ। उसने देखा कि दो लड़कियाँ घायल अवस्था में पड़ी हुई हैं। उसने लड़कियों से बड़े बीज को बाहर फेंकने का अनुरोध किया। आविल तैयार हो गई परन्तु उसने बाहर का दरवाजा खोलने की शर्त रखी इस तरह दोनों लड़कियाँ बाहर आईं।

आविल ने तुरंत अपनी बहन को गाँव में पँखों को इकट्ठा करने के लिए भेजा। उसने अपनी बहन से कहा कि वह जितनी जल्दी हो सके, उतनी जल्दी अधिक से अधिक पँख इकट्ठा करके ले आए; जिससे वे खुद को कबूतरों में बदलकर यहाँ से कहीं दूर निकल जाएँ। जब दड़बे में थीं तो उन्होंने निश्चय किया कि वे अपनी दुष्ट नानी की शिकायत पर माँ-बाप से रोज-रोज मार खाने और दुर्व्यवहार से बचने के लिए भाग जाएँगी। आविल रसोई में गई और खाना बनाया। उसने एक मोटा कपोन (capon) मारा और उसके पँखों को रख लिया। मांस और मीठा खुशबूदार चावल पूरे परिवार के लिए पकाया।

जब छोटी बहन बहुत सारे पँख और गोंद इकट्ठा करके लौटी तो दोनों बहनें नदी में नहाने के लिए गईं। उन्होंने खुद को साफ़ किया। वे उस दिन सुंदर दिखना चाहतीं थीं क्योंकि इन्सान के रूप में उनका आखिरी दिन था। घर लौटकर उन्होंने बर्तन धोए, झाड़ू दिया और पानी भरा। जब सब काम हो गया तो आविल ने अपनी बहन से कहा कि अब समय हो गया है कि वे अपने आपको कबूतरों के रूप में बदल लें और उड़ जाएँ। वे रो रहीं थीं। दोनों ने एक दूसरे को गोंद लगाया और पँख चिपका दिया।

काम पूरा होने के बाद दोनों ने एक दूसरे को देखा। वे सुंदर दिख रहीं थीं। अब वे लड़कियाँ नहीं चिड़ियाँ बन गईं थीं। उन्होंने पँख फैलाए; उन्हें सुखद लगा। हिचकिचाते हुए वे छत तक उड़ी फिर घर के बाहर कटहल के पेड़ तक उड़ी। वे बहुत खुश थीं और संतुष्ट भी क्योंकि अब वे उड़ सकतीं थीं। उन्होंने घर का एक चक्कर लगाया। 'उड़ना' उनके लिए एक नया अनुभव था। अब वे

आज़ाद थीं; उन्हें मार-पीट नहीं सहना पड़ेगा। अत: वे उड़कर वहाँ पहुँची, जहाँ उनकी माँ झूम खेती कर रही थी। उन्होंने सोचा कि उनकी माँ भले ही उनके साथ कठोर व्यवहार करती थी पर आखिर वह उनकी माँ है, वे अपनी माँ से बहुत प्यार करती थीं इसलिए उसे बिना बताए वे कैसे उड़ सकती थीं। जब घर में इतना सबकुछ चल रहा था, तब उनकी माँ उस समय खेती में व्यस्त थी। अपनी माँ को इतनी कड़ी मेहनत करते देख वे अपने आप को नहीं रोक पाई और रोने लगीं। वे पेड़ की एक डाल पर बैठ गईं और पक्षी की आवाज़ में रोते हुए कहा – मेरी प्यारी माँ! हमें बहुत दुःख है पर आज आप इतनी मेहनत किसके लिए कर रहीं हैं? इधर आपकी दोनों बेटियाँ आविल और सिंग्विल्ल आपसे बताने आए हैं कि हम आपसे दूर जा रहे हैं और अब कभी वापस नहीं आएँगे। आपने हमारे साथ बहुत कठोर बर्ताव किया है; अब हम वापस कभी नहीं आएँगे। आपने हमारे साथ बहुत कठोर व्यवहार किया है। हमें काँटेदार लकड़ी से पीटा; सूअर के दड़बे में बंद किया और हमें भूखा-प्यासा रखा।

उन्होंने आगे कहा – माँ हम आपसे कहना चाहते हैं कि हम दुष्ट नानी की साजिश का शिकार बनीं। हमने कभी ऐसा खाना नहीं बनाया, जिसमें चूहा या बाल गिरा हो; न ही बालू से भरा पानी रखा। वे सब काम नानी का है, जिसका फल हम दोनों बहनों को भुगतना पड़ा। माँ, हम दोनों ने बहुत सह लिया, अब हम आपसे बहुत दूर जा रहे हैं। हम अब ज्यादा दुःख नहीं झेल सकते। हम आपसे विनती करते हैं कि आप हमारी छोटी बहनें नोजे और दिमसे को अच्छी तरह रखिए। उनके साथ बुरा व्यवहार न करें, न ही उन्हें पीटे जैसा आपने हमारे साथ किया था। वे अभी बहुत छोटी हैं और नासमझ हैं। अगर आप उन्हें प्यार से रखेंगी, तो वे हमेशा आपके साथ रहेंगी। कृपया उन पर दया करें।

अविलमा चौंक गई, यह क्या हो रहा है? यह बहुत असाधारण घटना थी। उसने कबूतरों को इंसानों से बात करते नहीं सुना था। उसे बहुत बेचैनी होने लगी। कुछ देर पहले वह जिस कुदाली से काम कर रही थी, वह अचानक कई भागों से टूट गया जो कि एक अशुभ लक्षण था और अब दो कबूतर इंसानी भाषा

में बातें कर रहे थे। उसे अंदेशा हुआ कि घर में ज़रूर गड़बड़ हुई है। तब उसे याद आया कि उसने दोनों बेटियों को भूखी-प्यासी सूअर के दड़बे में बंद कर दिया है। वह मन ही मन में सोचने लगी कि उसने गुस्से में क्या कर दिया? उसने जल्दी से अपना सामान उठाया; टोकरी में रखा और घर की ओर चल पड़ी। वह सीधी सूअर के दड़बे की ओर गई और दोनों बेटियों को पुकारने लगी परन्तु कोई जवाब नहीं आया।

संयोग से उस समय अविलपा दूर बाज़ार गया था और सारी खरीददारी करके लौट रहा था। वह बहुत थक गया था इसलिए उसने नदी के किनारे अपना सामान रखा और हाथ-मुँह धोने लगा। जब वह हाथ-मुँह धो रहा था तो उसे दो कबूतरों की बातचीत सुनाई दी। वे इन्सानों की तरह बात कर रही थीं। वे कह रही थीं – "पिताजी, हम आपसे बहुत प्यार करते हैं परन्तु हम रोज-रोज उस बात की सजा नहीं सह सकते, जो हमने किया ही नहीं। अब हमारे सहने की सीमा पार हो चुकी है इसलिए हम अपने भले के लिए जा रहे हैं। हमें दुःख है कि जब आप घर पहुँचेंगे तब हम घर में नहीं होंगे। जो गल्तियाँ हमने नहीं की हमें उसकी सज़ा मिली है। हमने यहाँ से दूर जाने का निश्चय किया है। हम अब कभी वापिस नहीं आएँगे। यह सुनकर अविलपा चौंक गया। उसने ध्यानपूर्वक सारी बातें सुनी। उसकी समझ में नहीं आया कि क्या हो रहा है? सबसे आश्चर्य की बात तो यह थी कि दो कबूतर इंसानों की भाषा में बात कर रहे थे। इसका अर्थ था कि घर में कुछ हुआ है। उसका मन शंकित हो गया क्योंकि कबूतर इंसानों की भाषा में बात नहीं करते। उसने अपना सामान उठाया और भारी हृदय से घर चल पड़ा। घर पहुँचकर देखा कि सारी स्थिति बहुत ख़राब थी। उसकी पत्नी ने रोते-रोते सारी घटना बताई। अविलपा को बहुत धक्का लगा। उसने सोचा भी नहीं था कि ऐसा भी हो सकता है।

बाद में कबूतर बनी बेटियाँ दोपहर में एक बार फिर आईं। यद्यपि उन्होंने अपने आपको कबूतर के रूप में बदल लिया था पर वे अपने परिचित जगह से ज्यादा दूर नहीं जाना चाहती थीं। वे भी अपने माँ-बाप को सच्चाई बताने के लिए

बेचैन थीं। वे घर के बाहर कटहल के पेड़ पर बैठकर बोलने लगीं। उनकी हृदय विदारक ध्वनि सुनकर उनके माता-पिता बाहर आए । उन्हें अपनी भूल का अहसास हो गया था कि उनके ख़राब व्यवहार के कारण लड़कियों को कबूतर के रूप में खुद को बदल कर घर छोड़कर जाना पड़ा । वे बहुत रोए और सोचा कि अगर वे कोशिश करेंगे तो शायद उनकी बेटियाँ कबूतर का रूप छोड़कर पुन: मनुष्य रूप में आ जाएँगी। उन्होंने सच्चे दिल से प्रार्थना की –

"मेरी प्यारी आविल और सिंग्विल्ल, हमें क्षमा करो। तुम दोनों वापिस लौट आओ। हम सच्चे दिल से तुमसे माँफी माँगते हैं और वादा करते हैं कि हम तुम्हें कभी नहीं सताएँगे और न ही मारेंगे। कृपा करके तुम लोग लौट आओ।"

वे अंदर गए और घर से सोने का हार (रंग-गोंग्स) और कीमती सामान बाहर लाए; उसे आँगन में फैला दिया और कहा – देखो, ये सारा कीमती सामान हमने तुम्हारे लिए रखा है; ये सब तुम्हारा है । यह सच है कि हमने तुम्हारे साथ बहुत बुरा व्यवहार किया है । बिना कारण जाने तुम्हें पीटा है जबकि सारा काम नानी का था। हम लोगों की लापरवाही के कारण तुम लोगों ने बहुत दुःख भोगा है। प्यारी बेटियों, क्या तुम लोग हमें माफ नहीं कर सकतीं? अपने को इन्सान के रूप में बदलकर वापिस आ जाओ।

आविल और सिंग्विल्ल ने वापिस आने से इंकार कर दिया। उन्हें माता-पिता के धन और भविष्य में अच्छे व्यवहार पर विश्वास नहीं था । उन्होंने बहुत दुःख झेला था और वे इससे बाहर आना चाहती थीं अत: बड़े दुःख के साथ उन्होंने वापिस आने से मना कर दिया और वे रो पड़ी। उन्होंने कहा – "नहीं माँ-पिताजी, अब बहुत देर हो चुकी है। अब हम वापिस नहीं आना चाहते हैं और न ही आपके कीमती सामान का हमें लालच है। हमलोग आपके बिना भी जीवित रह सकते हैं। अगर आपको सचमुच देना है तो आप दो कीमती हार को लम्बे बाँस के ऊपर लटका दीजिए और हमें दे दीजिए। हमलोग इसे आपके प्यार का उपहार की निशानी समझ कर पहन लेंगे। हम यहाँ से जा रहें हैं और कभी नहीं लौटेंगे।

आप लोग हमारी छोटी बहनों के साथ अच्छा व्यवहार करना। जैसा हमारे साथ हुआ, वैसा मत करना।

माता-पिता बेटियों को लाने में असफल रहे। उन्होंने दो कीमती हार लिया और उसे लम्बे बाँस पर टांग दिया। वहाँ से दोनों कबूतरों ने एक-एक हार पहन लिया और अलविदा कहकर हमेशा के लिए उड़ गए। अंत में वे कबूतर परिवार के वंशज बन गए, जो दो. कृ मिवेपा और दो. कृ चिवेपा के नाम से जाने जाते हैं। कुछ कबूतरों की प्रजाति के गले में सुंदर हार का निशान, जो उनके माता-पिता द्वारा विदाई के समय दिया गया, वे दो. कृ मिवेपा और दो. कृ चिवेपा हैं। वे आविल और सिंग्विल्ल हैं।

बन्दर और मकड़ा

एक समय की बात है गारो पहाड़ियों में बहुत पहले एक बन्दर रहता था, जिसकी मित्रता धारीदार मकड़े से हो गई। मकड़े को गारो भाषा में गोंग्गोंग्सिंग (gonggongsing) कहते हैं। वे बहुत खुश रहते थे। दोनों साथ-साथ हर जगह जाते और खूब मजे करते थे।

एक दिन दोनों ने एक साथ घने जंगल में चिड़ियों को पकड़ने का निश्चय किया। दोनों को अपने साथ एक टोकरी और जाल लाना था। रास्ते में बन्दर को अचानक याद आई कि वे जाल लाना भूल गए। उसने अपने मित्र को इसके बारे में बताया। मकड़े ने लापरवाही से जवाब दिया – दोस्त, चिंता मत करो, मेरे पास बहुत सारा है। उसका जवाब सुनकर बन्दर ने अपने दोस्त की ओर देखा तो असमंजस में पड़ गया क्योंकि उसके पास न तो कोई थैला था न ही गोंद की बोतल पर संकोचवश उसने अपने मित्र से कुछ नहीं पूछा।

जब वे घने जंगल पहुँचे तो ऐसे पेड़ को खोजने लगे; जहाँ कई तरह के पक्षी खाने आते थे। कुछ देर में उन्होंने ऐसे पेड़ को खोज लिया। मकड़े ने कहा कि यह पेड़ जाल बिछाने के लिए सबसे ठीक है। उसने पेड़ से एक छोटी डाल काटी और अपने दोस्त से कहा कि वह पेड़ के पास छिप जाए। जैसे ही चिड़िया गिरे, वैसे ही उसे मार डाले। मकड़ा खाली हाथ ऊपर चढ़ गया परन्तु जब वह ऊपर पहुँचा तो उसने अपने पेट से चिपचिपा पदार्थ निकालकर एक डाल से दूसरे डाल तक जाल बुनना शुरु कर दिया।

नीचे ज़मीन पर खड़ा बन्दर यह देखकर चकित हो गया। उसने ऐसा जादू कभी नहीं देखा था। उसने मन ही मन में सोचा – काश! वह भी ऐसा कर पाता। वह अपने दोस्त से बहुत प्रभावित हुआ और बड़े ध्यान से उसे अपने मुँह से जाल बनाता देखता रहा।

थोड़ी देर बाद एक चिड़िया उड़ती हुई फल खाने के लिए वहाँ आई और जाल में फँस कर नीचे गिर गई। बन्दर वहाँ तुरन्त आया और उसने छड़ी से

चिड़िया को मार डाला। जल्दी ही दूसरी चिड़िया आई और ज़मीन पर गिर पड़ी। इस तरह एक के बाद एक चिड़िया गिरती रही और बंदर उन्हें मारता गया; उन्हें पेड़ के एक तरफ इकट्ठा करता गया। सक्षम होने पर जब मकड़ा नीचे आया तो वह बहुत खुश हुआ क्योंकि उन्होंने बहुत सारी चिड़ियाँ पकड़ लिया था। चिड़ियाँ इतनी थी कि दो टोकरियाँ भर गईं थीं। वे अपनी इस सफलता पर खूब खुश थे। उन्होंने मरी हुई चिड़ियाँ आपस में बराबर-बराबर बाँट लिया और अपने घर आ गए।

बंदर और उसकी पत्नी ने सप्ताह भर चिड़ियों की खूब दावत उड़ाई। जब सारी चिड़ियाँ ख़त्म हो गईं तो बंदर ने अपने मित्र की तरह चिड़ियों का शिकार करने की सोची। अत: उसने अपनी पत्नी से दूसरे दिन जंगल चलने के लिए कहा। यह सुनकर उसकी पत्नी बहुत खुश हुई और दूसरे दिन तैयार हो गई। उसने पूछा – चिपचिपा पदार्थ कहाँ से मिलेगा? बन्दर ने मकड़े की तरह जवाब दिया की उसे इतनी छोटी चीज के लिए चिंता करने की ज़रूरत नहीं है; उसे पता है कि वह कहाँ मिलेगा। उसकी पत्नी उसके साथ चल पड़ी।

वे घने जंगल में पहुँचे और उस पेड़ को खोजने लगे जहाँ चिड़ियाँ खाने आती थीं। शीघ्र ही उन्होंने एक बड़ा पेड़ ढूँढ ही लिया, जहाँ वे शिकार के सकते थे। बन्दर ने एक छोटी डाल तोड़ कर पत्नी को दिया और कहा – देखो, मैं पेड़ की ऊँची डाल पर जाल बनाने जा रहा हूँ। तुम यहाँ छिप कर बैठ जाना; जैसे ही चिड़िया को गिरते देखना, वैसे ही मार डालना। इस तरह हम बहुत सारी चिड़ियाँ इकट्ठी कर सकते हैं।

बहुत सारी चिड़ियाँ मिलने की उम्मीद में उसकी पत्नी झाड़ियों के पीछे जाकर छिप गई। बंदर खुश होकर सीटी बजाता हुआ पेड़ पर चढ़ गया। जब पेड़ के ऊपर पहुँचा तो उसने अपने पेट से चिपचिपा पदार्थ निकालने की बहुत कोशिश की, जैसा उसने अपने मित्र मकड़े को करते देखा था परन्तु हाय! उससे नहीं निकाल पाया। उसने अपने पेट और नाभी को खूब दबाया पर वह पदार्थ नहीं निकला। बंदर की कुछ समझ में नहीं आया कि वह चिपचिपा पदार्थ उसके

मित्र के पास से तो निकला पर उसके पास से क्यों नहीं निकला। वह अपनी ज़िद पर अड़ा रहा। उसने अपने पेट में छेद किया और अपनी अतड़ियों से एक डाल से दूसरे डाल पर जाल बुनने लगा परन्तु जैसे ही अतड़ियां ख़त्म हुईं, वह ज़मीन पर गिर पड़ा और मर गया।

जोर से गिरने की आवाज़ सुनकर उसकी पत्नी ने सोचा – आखिर एक चिड़िया गिरी। चिड़िया को पाने के जोश में वह बाहर आई और जोर-जोर से सिर पीटने लगी। जोश में उसने नीचे नहीं देखा कि चिड़िया किस तरह की है पर जैसे ही उसने नीचे देखा तो उसके होश उड़ गए क्योंकि वह चिड़िया थी ही नहीं। वह कोई और नहीं बल्कि उसका पति मरा पड़ा था। वह चिल्लाई और रोई पर तब तक बहुत देर हो चुकी थी। वह मर चुक था।

मरी हुई चिड़ियों को उठाने की जगह वह रोती हुई अपने मृत पति को घर लेकर आई। मूर्ख बन्दर ने अपने मित्र की नक़ल करने की बेवकूफी की। उसने यह नहीं सोचा कि उसका मित्र अलग प्रजाति का है और वह अलग। उसके पास अपने मित्र की तरह गुण नहीं है। बिना सोचे-समझे नक़ल करने के कारण उसे भरी मूल्य चुकाना पड़ा इसलिए उसक दुखद अंत हुआ।

बदसूरत बच्चे

एक समय की बात है, एक जंगल में एक घमंडी जवान मादा उल्लू रहती थी। वह अपने आपको बहुत खुबसूरत समझती थी और दूसरों को अपने से नीचा समझती थी। वह सोचती थी कि कोई उसके बराबर नहीं हैं। वह हर चीज़ सुन्दर और फैशनेबल चाहती थी। उसके लिए बदसूरती के लिए कोई जगह नहीं थी। उसकी इच्छा थी कि उसके बच्चे सुन्दर हों जिससे वह उनपर गर्व कर सके और सभी पक्षी-जाति वाले उससे ईर्ष्या करें। वह हमेशा कहती थी –

"क्या तुम लोग जानती हो? जब मैं शादी करूँगी और माँ बनूँगी, तब मेरे बच्चे होंगे। वे इतने सुन्दर होंगे कि संसार की पूरी पक्षी-जाति ईर्ष्या करेगी।" वह हमेशा सुंदर बच्चों को जन्म देने के लिए योजना बनाती और उपाय पूछती, जिससे उसके आस-पास रहने वाली चिड़ियाँ तंग आ गईं। ढेरों सलाह लेने के बाद जब उसके बच्चे हुए तो परिणाम उसकी आशा के विपरीत निकला। उसकी आशाओं पर पानी फिर गया। वे मोटे, बड़े, गोल सिर और गोल आँखों वाले थे। उसे देखकर उसे उबकाई-सी आ गई। वे जरा भी सुन्दर नहीं थे, जैसी उसकी कल्पना थी। वे पूरी पक्षी-जाति में सबसे बद्सूरत बच्चे थे। वह उनसे बहुत नफ़रत करती थी।

अक्सर सोचती, "मैं इतने बदसूरत बच्चों की माँ नहीं हो सकती। मुझे यह राज़ जानना होगा कि कैसे दूसरी चिड़ियाँ सुंदर बच्चों को जन्म देती हैं। उनके पास ज़रूर कोई फार्मूला होगा। अगली बार मैं ज़रूर सुंदर बच्चों को जन्म दूँगी, जिससे सभी लोग ईर्ष्या करेंगे। उसने इरादा पक्का इरादा किया और सबसे पूछना शुरु किया।"

जब भी किसी चिड़िया से मिलती तो कहती, "वाह! कितने सुन्दर बच्चे हैं। बच्चों के जन्म से पहले क्या खाया था और सुन्दरता बढ़ाने के लिए क्या उपाय किया था, जिससे आपके बच्चे इतने सुंदर हैं? मुझे देखो, मेरे बच्चे कितने

बदसूरत हैं? मुझे देखो, मेरे बच्चे कितने बदसूरत हैं; बदसूरत गोल सिर के साथ-साथ उससे मिलती-जुलती बदसूरत गोल-गोल आँखें। मैं साफ़-साफ़ कहती हूँ कि मैं बहुत निराश हूँ।"

उसने घोषणा की – छोड़ो, जो हो गया, सो हो गया। बीती बात पर रोने से क्या फायदा? दूध बह जाने पर रोने से क्या होगा? परन्तु देखना, अगले साल मैं ऐसे बच्चे को जन्म दूँगी कि सारी पक्षी-जाति को जलन होगी। इंतज़ार करो और देखो।

अगले साल जब सभी पक्षी अपने परिवार को बढ़ाने की सोच रहे थे, मादा उल्लू भी बहुत उत्साहित थी। उसने पूरी तरह खाने और सुन्दरता बढ़ाने के नियमों का कठोरता से पालन किया था। उसे पूरा विश्वास था कि इस बार वह ज़रूर सफल होगी। वह इस बार इतने सुन्दर बच्चे को जन्म देगी कि सारी पक्षी-जाति को जलन होगी और उसे गर्व होगा।

जैसे अंडा फूटा, उसने उत्साह से देखा परन्तु फिर वही बदसूरत चीज दिखाई दी। वे वही मोटे, गोल सिर और गोल बड़ी आँखें वाले थे। वह बहुत चिढ़ गई और छोटे बच्चों से नफ़रत करने लगी। उसे समझ में नहीं आया कि उससे क्या गलती हो गई? उसने सुन्दर बच्चों को जन्म देने के लिए माँ पक्षियों के बताए सभी नियमों का पालन किया था।

अच्छा, अगली बार वह ज़रूर कामयाब होगी। वह इतनी आसानी से हार नहीं मानेगी। उसने अपने आपसे वादा किया कि वह सफल होकर रहेगी। वह कायर नहीं है, जो एक हार के बाद पीछे हट जाए। वह अपने बच्चों को सुंदर बनाने के लिए कुछ भी करने के लिए तैयार है। वह कोई काम अधूरा नहीं छोड़ना चाहती थी। वह हर साल सुंदर बच्चे को जन्म देने का दावा करती परन्तु बच्चे पहले की तरह (उल्लू) ही होते, उनमें कोई परिवर्तन नहीं होता। आखिर उल्लू के बच्चे उल्लू ही होंगे; दूसरे चिड़ियों के बच्चों की तरह नहीं परन्तु माँ उल्लू इस बात को नहीं समझ सकी और न ही इस सच्चाई को स्वीकार कर सकी।

"एकदम बदसूरत, अपने पिता की तरह" वह घृणा से बड़बड़ाई। उसके किए गए दावे पर दूसरी चिड़ियाँ मज़ाक बनाने लगीं और व्यंग्य करने लगीं, "इस बार तुम्हारे बच्चे कैसे हैं? क्या वे सुन्दर हैं?" मादा उल्लू पहले से ही निराश थी; उसे इतनी शर्म आई कि उसकी किसी से भी मिलने की हिम्मत नहीं रही। शर्म और दुःख से भरकर उसने अपने आप को कोटर में पूरे दिन छिपा लिया, साथ ही अपने बच्चों को भी दूसरों के साथ खेलने से मना कर दिया। वह रात को खाने की खोज में निकलती थी, जिससे कोई पक्षी उसे देख न सके।

अतः दूसरे पक्षियों से बचने के लिए उल्लू रात की पक्षी बन गई। वह दिनभर सोती और रात में जब सारे सोते तो वह रात में निकलती। उसके वंशज आज भी यही दिनचर्या आपनाये हुए हैं और केवल रात में ही निकलते हैं। इसलिए अगर कोई बिना परिणाम जाने अपने हाथों से कुछ परिवर्तन करने की कोशिश करता है तो गारो कहते हैं – दो. पा दे बा. अ अर्थात् उल्लू को बच्चा हुआ।

सियार क्यों हुआँ हुआँ करता है?

बहुत समय पहले की बात है, सभ्यता का विकास पूरी तरह से नहीं हुआ था। गारो पुराने तरीके से रहते थे। उस समय वे लोग ठण्ड से बचने के लिए पेड़ की छाल से गद्दे बनाते थे, जिसे स्थानीय भाषा में सिम्पक या अम्पक कहा जाता है। उन दिनों आज की तरह आधुनिक औजार और मशीनें नहीं थी परन्तु लोगों ने अपनी बुद्धि से उपयोगी वस्तुएँ बना ली थीं। वे कुछ पेड़ों की खाल निकाल लेते थे, उसे पीटते थे, उसे धूप में सुखा देते थे; तब मुलायम हो जाता था। उसे ऍम.पक या सिम.पक कहा जाता था। इसका प्रयोग गद्दा और रजाई दोनों के लिए किया जाता था। वह हल्का होता था परन्तु उसमें खास बात यह थी कि उसे आसानी से मोड़ कर रखा जा सकता था। पुराने ज़माने में यह लोगों का बिस्तर के रूप में प्रयोग होता था।

उन्हीं दिनों एक आलसी सियार रहता था। उसके पास अगर पास कोई काम होता तो वह टाल देता था। उसे सूरज की गर्मी में लोटना अच्छा लगता था और कुछ नहीं। एक बार जाड़े के मौसम में जब रात में कड़कड़ाती, ज़मने वाली सर्दी पड़ रही थी, तो उसका बुरा हाल हो गया था। कड़कड़ाती ठण्डी रात में उसकी हड्डियाँ तक कंपकंपा रही थी। वह पूरी रात नहीं सो सका। “ओह! हाय! रात में कितनी ठण्ड है? हे ईश्वर! इतनी ठण्ड है कि मैं सो नहीं सकता” उसने हू..आँ ...करके कहा। अपने आपको गर्म रखने के लिए वह करवट बदलता रहा; शरीर को सिकोड़कर रखा पर कोई उपाय काम नहीं आया। वह जाड़े की ठण्ड से कैसे बचे? बहुत सोचने के बाद उसने इंसानों की तरह सिम्पक बनाने के लिए सोचा।

“अच्छा, कल सुबह सबसे पहले मैं अपने के लिए सिम्पक बनाऊँगा” सियार ने मन ही मन निश्चय किया और सो गया।

जब सुबह हुई तो सूरज की रोशनी में लेटकर आराम करने लगा और ठण्ड के बारे में भूल गया। वह पूरी तरह से अपने किये गए वादे को भूल गया कि वह सिम्पक बनाएगा। वह सारे दिन आराम और खर्राटे मारता रहा। रात हुई, जब ठण्डी-ठण्डी हवा चलने लगी, तब सियार को अपना वादा याद आया कि उसे ठण्ड से बचने के लिए सुबह सिम्पक बनाना था परन्तु वह भूल गया।

वह अपने आप पर गुस्सा होता रहा कि वह इतना आलसी कैसे हो सकता है? उसने फिर पक्का इरादा किया – कल मैं ज़रूर सिम्पक बनाऊँगा। मैं इतनी ठण्ड नहीं झेल सकता। वह रात भी बहुत ठंडी थी परन्तु उसने किसी तरह काट लिया।

दूसरे दिन अच्छी धूप थी और गर्म था। वह सूर्य की रोशनी में कोई भी कार्य कर सकता था। उसे धूप इतनी अच्छी लगी कि वह अपना वादा भूल गया। धूप की गरमाहट में वह रात की ठण्ड के बारे में भूल गया और उसका सिम्पक बनाने का इरादा धरा का धरा रह गया। कुछ कुछ करने के बजाय उसे धूप सेंकना सबसे अच्छा लगा। रात के समय वह अपने आलसीपन को कोसता था। वह अपने आलसीपन के कारण सारी रात चिल्लाता रहा और सुबह अपना कार्य पूरा करने में आलस करता। जाड़े की एक रात के बाद दूसरी रात जब ठंडी हवा चलती तो वह चिल्लाता और सुबह उसे पूरी करने की कोशिश नहीं करता।

ऐसा कहा जाता है कि सियार ने आजतक सिम्पक नहीं बना पाया इसलिए उसे 'हुआँ' कर अपने आलसीपन को धिक्कारते हुए सुना जा सकता है। सत्य है – मूर्खता और आलसीपन केवल तकलीफ़ और दुःख लाती है।

बन्दर और जुगनू

क्या आपको पता है कि बंदरों की विशेष प्रजाति का नितम्ब (buttock) लाल रंग होता है? गारो जनजाति के अनुसार पहले ऐसा नहीं था। उनके नितम्ब लाल होने का कारण उनके पूर्वजों की मूर्खता है।

ऐसा कहा जाता है कि एक समय अमक नामक बन्दर की संगवाट जुगनू के परिवार के साथ दोस्ती हो गई। वे एक दूसरे के घर जाते थे और एक-दूसरे के साथ अच्छी-अच्छी चीज़ें बाँटते थे। एक दिन जुगनू का परिवार अपने मित्र बंदर के घर मिलने आया। बंदर उन्हें देखकर बहुत खुश हुआ और उसका खूब स्वागत किया। उसने अपने नौकरों को स्वादिष्ट खाना बनाने का आदेश दिया। उसने अपने स्टोर या भंडारघर से खास अवसर पर चावल की बनी शराब (chudikka) और उनके सम्मान में मोटा सुअर परोसा, शानदार भोज हुआ। पूरे दो दिन रात-दिन उन्हें खिलाया और उन्होंने खूब मस्ती किया। अतिथियों ने बहुत अच्छा समय बिताया पर जाने का समय हो गया था।

संगवाट परिवार वाले अमक के अतिथि सत्कार से बहुत प्रभावित हुए। उन्होंने अपने मित्र अमक बंदर और उसके परिवार को जल्दी आने का निमंत्रण दिया। उसके बाद धन्यवाद देते हुए वे वहाँ से चलने के लिए तैयार हो गए। जब वे वहाँ से चलने लगे तो सूर्य अस्त हो रहा था और रात होने लगी थी। बंदर ने उनकी सुरक्षा को ध्यान में रखकर सहायता के लिए कहा –

"अलविदा दोस्त! फिर आना लेकिन अँधेरा हो रहा है; तुम लोगों को इस घने जंगल में एक लम्बा रास्ता तय करना है अत: थोड़ा इंतजार करो। मैं तुम लोगों के लिए बिलचाम (बाँस का टार्च) बना देता हूँ, जिससे तुम्हें रास्ते में रोशनी मिलेगी।

जुगनुओं ने उत्तर दिया, "मेरे दोस्त, तुम हमलोगों के लिए चिंता या तकलीफ मत करो। इसकी कोई ज़रूरत नहीं है क्योंकि हम अपना टार्च खुद

लेकर चलते हैं।" ऐसा कहकर उन्होंने अपनी पीठ की रोशनी जलाई और उड़ गए। बंदर यह देखकर आश्चर्य में भर गया और कुछ न बोल सका। वह सोचने लगा कि कोई कैसे अपनी पीठ पर टार्च लेकर चल सकता है?

कुछ सप्ताह बीत गए और वादे के अनुसार बंदर अपने परिवार के साथ अपने मित्र के घर गया। जुगनू बहुत खुश हुआ और गर्मजोशी से उनका स्वागत किया। उन्होंने भी उनके लिए सूअर मारा और भंडारघर में रखी गई शराब परोसी। बंदर अपने मित्र के साथ दो दिन तक खूब खाया-पिया और मस्ती की। वह बहुत खुश हुआ और उसने खूब मस्ती की। जब जाने का समय हुआ तो बन्दर ने अपने मित्र को धन्यवाद दिया। मित्र के साथ अच्छा समय बिताने के बाद वे जाने के लिए तैयार हो गए। जुगनू ने कहा – मित्र, यहाँ आने के लिए बहुत-बहुत धन्यवाद! हमने बहुत अच्छा समय बिताया। कृपया फिर आना।

जैसे वे चलने लगे, शाम हो गई थी। सूरज डूब रहा था और रात होने वाली थी इसलिए उसके दोस्त ने रास्ते के लिए बाँस की बनी टॉर्च देने के लिए कहा पर बन्दर ने जवाब दिया,

"अरे दोस्त! कृपया इतनी तकलीफ मत करो; हम आसानी से अपना रास्ता खोज लेंगे और घर पहुँच जाएँगे।" उसने सोचा कि जैसे उसके मित्र के पीठ पर टॉर्च है और वह आसानी से चलता है, वैसे ही वह भी कर सकता है। जल्दी ही रात हो गई और उन्हें अपना रास्ता खोजने में बहुत कठिनाई होने लगी। मूर्ख बंदर अपने पीछे बार-बार नोचने लगा। उसे लगा कि ऐसा करने से उसके दोस्त की तरह उसकी पीठ पर टॉर्च जल जाएगी पर कोशिश करने पर रोशनी नहीं आई। वह बहुत निराश हुआ। उसकी समझ में नहीं आया कि उसके साथ ऐसा क्यों नहीं हुआ जबकि उसका दोस्त पीठ पर टॉर्च लेकर चल सकता है। वह अपने आप को कोसने लगा कि उसने अपने मित्र से टॉर्च लेने से क्यों इंकार किया और इस कारण उसको और उसके परिवार को अँधेरे में भटकना पड़ रहा है।

कुछ दूरी पर उन्हें आग की धीमी-धीमी लौ दिखाई दी। कुछ यात्री खाना बनाने के बाद जलती आग छोड़ कर चले गए थे। उसने अपनी किस्मत को मन

ही मन धन्यवाद दिया और उसने बुझती लकड़ी को जलाया और अपनी पीठ पर बांध लिया।

“आहा! अब मुझे अपने मित्र जुगनुओं की तरह आग मिल गई और अब मैं बिना किसी बाधा के घर पहुँच जाऊँगा” उसने खुश होकर सोचा लेकिन उनकी ख़ुशी ज्यादा देर तक नहीं रही। धीरे-धीरे आग की लपटें तेज़ हो रही थी और उसके नितम्ब तक पहुँच गयीं थीं। जलन तेज़ और असहनीय होती जा रही थी। उसे बहुत दर्द और जलन हो रही थी लेकिन वह अपनी बहादुरी का दिखावा करता हुआ चलता गया। वह रास्ते में नहीं रुका क्योंकि यह उसके सम्मान के विपरीत था। वह हार मानने को तैयार नहीं था।

जल्दी ही वे एक छोटी-सी नदी के पास पहुँचे। उस समय तक आग के कारण उसके नितम्ब बुरी तरह झुलस चुके थे, वह आगे नहीं जा सका। उससे और दर्द नहीं सहा जा सका; उसने बिना सोचे-समझे अपना नितम्ब पानी में डाल दिया। काफी देर के बाद जब जलन कम हो गई तो वह पानी से बाहर आया। उसने देखा कि उसका नितम्ब बुरी तरह जल गया है और खाल निकल गई है। जलने के कारण वह लाल हो गई थी। वह धीरे-धीरे चलता रेंगता हुआ घर की ओर चल पड़ा। चूँकि उसका नितम्ब बुरी तरह जल गया था इसलिए बन्दर का नितम्ब लाल होता है और रोएँ नहीं होते।

अत: बंदरों के पूर्वजों की मूर्खता के कारण बंदरों की एक प्रजति का नितम्ब लाल और बाल रहित होता है।

डरपोक हाथी

गर्मी एक सुबह जब गरम और झुलसाने वाली हवा चल रही थी, उस समय हाथी पानी में नहाना चाहता था। वह झरने के नीचे की ओर गया, जहाँ पानी गहरा था परन्तु जब वह वहाँ पहुँचा तो गुस्से में भर गया क्योंकि पानी मटमैला और गन्दा था। ऐसा लगता था कि किसी ने पानी को गन्दा कर दिया था या झरने के ऊपर भाग में कोई नहा रहा था। वह नाराज हो गया क्योंकि कोई इतना गैर ज़िम्मेदार कैसे हो सकता है कि उसे झरने के नीचे नहाने वालों की कोई परवाह नहीं है।

हाथी जंगल का मालिक माना जाता था। उसे अपने ऊपर बहुत घमंड था और वह बहुत दम्भी था। गंदे पानी को देखकर वह तुरन्त इस नतीजे पर पहुँचा कि कोई जानबूझकर उसकी हस्ती को चुनौती दे रहा है। वह बहुत परेशान हो गया इसलिए सूढ़ उठाकर जंगल में जोर-जोर से चिल्ला कर कहने लगा –

"हे! तुम चाहे जो भी हो, तुम अपने आपको क्या समझते हो? तुम जानबूझकर पानी गन्दा करने की हिम्मत कर रहे हो जबकि मैं जंगल का मालिक हाथी झरने के नीचे नहाने जा रहा हूँ। क्या तुम्हें नहीं पता कि मैं जंगल का सबसे बड़ा और शक्तिशाली जानवर हूँ।"

उसी समय एक छोटा घृष्ट साही झरने के ऊपरी भाग पर खूब नहा रहा था और पानी को गन्दा कर रहा था। उसने हाथी की क्रोध में गरजने की आवाज़ सुनी, जो यह जानना चाहता था कि झरने उपरी भाग में कौन नहा रहा है? उसने न तो कुछ कहा और न ही अपनी नाराजगी ज़ाहिर की। कुछ देर बाद हाथी की विशालता की परवाह किये बगैर छोटे साही ने जवाब दिया – अच्छा, तुम जंगल के राजा हो, तो क्या हुआ? मैं तुमसे नहीं डरता। ध्यान से सुनो, मैं सभी जानवरों में सबसे बड़ा हूँ। तुमसे भी विशाल हूँ। अगर तुम्हें नहीं पता है, तो मैं अपना सबसे छोटा बाल भेजता हूँ; तुम उसे देखकर निर्णय लो।

ऐसा कहकर उसने अपना एक बड़ा काँटा तोड़ा और नदी में बहा दिया। यह बात सुनकर हाथी बहुत उत्सुकता से इंतजार करने लगा कि कौन है जो उसे खुली चुनौती दे रहा है। थोड़ी देर बाद ही उसने साही का एक बड़ा काँटा बहता हुआ देखा जिसे देखकर वह घबरा गया।

"हे भगवान! यह कैसा जानवर है, जिसके शरीर का एक काँटा इतना बड़ा है। अगर उसका सबसे छोटा बाल इतना बड़ा है तो उसका लम्बा बाल कितना बड़ा होगा? वह कितना विशाल दानव होगा?" यह सोचकर वह डर से काँपने लगा। उसने सोचा कि उसने ज्यादा डराया तो वह विशाल दानव उसे खा लेगा। वह जल्दी-जल्दी अपनी छोटी-सी पूँछ हवा में उठाए जंगल की ओर भाग गया और एक बार भी पीछे मुड़कर नहीं देखा।

जब यह नाटक चल रहा था तो एक छछूंदर खाने की खोज में वहाँ आया और उसने दूर से पूरा दृश्य देखा। जब हाथी अपनी पूँछ हवा में उठाए भाग रहा था तो बहुत ही मजेदार लग रहा था। वह अपनी हँसी नहीं रोक सका क्योंकि इतना बड़ा हाथी एक काँटे से डर गया। अगर वह साही को तेज काँटे के साथ देख ले तो उसका क्या हाल होगा? छछूंदर जोर-जोर से हँसने लगा। वह इतना हँसा कि उसकी आँखों में आँसू आ गए। वह लगभग अँधा-सा हो गया और उसकी आँखें छोटे से भट्टे की तरह हों गईं। कहते हैं कि इसलिए छछूंदर लगभग अँधे होते हैं और उनकी आँखें भट्टे की जैसी होती हैं।

शरारती लंगूर

कहते हैं कि प्रारंभ में गारो पहाड़ियों में लम्बी पूंछ और काले चेहरे वाला लंगूर (गारो भाषा में रंगोल) जंगल का जानवर नहीं था। वह भी इन्सान था और अपनी बूढ़ी दादी के साथ इंसानों की बस्ती में रहता था पर उसे अपने ख़राब व्यवहार के कारण घर के आराम को छोड़कर जंगल में रहना पड़ा।

एक समय की बात है कि एक बूढ़ी विधवा औरत थी, जो अकेली अपने शरारती पोते के साथ रहती थी। लंगूर बहुत दुष्ट, जंगली और शैतान था। दादी के लाख कहने के बाद भी वह शान्त नहीं बैठता था और अपनी दादी के साथ कोई न कोई शरारत करता रहता था। वह अपनी दादी का हमेशा मजाक बनाता; ताने मारता और मारता भी था। दादी बहुत सहनशील थी क्योंकि हर दादी की तरह वह अपने पोते से बहुत प्यार करती थी लेकिन अक्सर उसका व्यवहार ऐसा हो जाता था कि दादी को संभालना मुश्किल हो जाता था। वह काफी बूढ़ी हो चुकी थी। उसका छोटा शरारती पोता उसके लिए एक चुनौती बन गया था। वह लाचार थी और उसे कहीं भेज भी नहीं सकती थी क्योंकि दोनों एक-दूसरे पर निर्भर थे।

ऐसा हुआ कि एक दिन उसकी बूढ़ी दादी मकई के मौसम में कढ़ाई भर मकई भूनने में व्यस्त थी। दादी ने पहले से ही पोते को चेतावनी दे रखी थी कि अगर लंगूर उसके पास भी आया तो वह उसे लम्बे बाँस (मिसिपोंग) से पीटेगी इसलिए लंगूर अपनी दादी से दूर एक सुरक्षित जगह से उसे देख रहा था। जब सारी मकई भुन गई तो उसने कढ़ाई को आग से हटाया और एक बाँस की टोकरी में ठंडा होने के लिए फैला दिया। उसके बाद वह पास की नदी में पानी लेने चल पड़ी।

लंगूर ने अपने छिपे हुए जगह से देखा कि उसकी दादी भुनी हुई मकई रसोईघर में ऐसे ही छोड़ कर जा रही है; वह मन ही मन खुश हुआ। इधर दादी ने जब उसे वहाँ नहीं देखा तो सोचा कि वह आस-पास कहीं खेल रहा होगा। लंगूर

बहुत भूखा था। उसे अपनी भूख मिटाने का सबसे अच्छा अवसर लगा, साथ ही भुनी हुई मकई की खुशबू ने उसकी भूख को और बढ़ा दिया था।

जैसे ही बूढ़ी दादी माँ बाहर गई, वह अपने छिपने वाली जगह से बाहर आया और भुनी मकई पर झपट पड़ा। उसकी खुशबू इतनी अच्छी थी कि वह मुट्ठी भर-भर कर गरम मकई खाने लगा। "आह! कितना स्वादिष्ट है।" कहते हुए उसने एक मुट्ठी और मुँह में भर लिया। इसके बाद एक के बाद एक मुट्ठी भर कर खाने लगा। दुर्भाग्य से, जब वह खा रहा था, तो उसकी दादी वापिस आ गई और उसने उसे रंगे हाथों पकड़ लिया। अपने पोते को जानवरों जैसे खाते देख वह चिढ़ गई। उसने लंगूर को वहाँ से हटने के लिए कहा परन्तु लंगूर ने ध्यान नहीं दिया। वह भूखा था और वह नहीं हटा। वह खाने में मस्त था।

दादी माँ उसके इस बात पर बहुत नाराज हो गई और उसने मरने की धमकी दी लेकिन लंगूर ने नहीं सुना; वह खाता ही रहा। वहाँ से हटने के बजाय वह तरह-तरह का चेहरा बनाकर, अपनी कमर और नितम्ब हिलाकर उन्हें चुनौती देने लगा कि वे उसे पकड़ कर दिखाएँ। बूढ़ी दादी का धैर्य टूट गया। वह जानती थी कि वह उसे नहीं पकड़ सकती थी क्योंकि लंगूर छोटा और फुर्तीला था जबकि वह बूढ़ी और कमजोर थी। उसने चारों ओर देखा पर लंगूर को मारने के लिए उसे कुछ नहीं मिला तो उसने 'मिसियांग', जिससे मकई भुना था, उससे मारने की कोशिश की लेकिन लंगूर बच गया। वह और दूर भागने लगा जिससे कि उसकी दादी उसे पकड़ न पाए। बूढ़ी दादी निराशा से मिसियांग लेकर उसके पीछे-पीछे दौड़ने लगी। उसने दूर से दूर से मिसियांग मारा।

बूढ़ी दादी का निशाना एकदम ठीक लगा। वह पोते के कूल्हे की हड्डियों के बीचोबीच जाकर चिपक गया। घायल बच्चा दर्द से कराहता हुआ, लंगड़ाता हुआ जंगल की ओर भाग गया। अपनी दादी के गुस्से से दूर, जब वह सुरक्षित जंगल पहुँच गया तो उसने लम्बे मिसीयांग को निकालने की बहुत कोशिश की परन्तु वह नहीं निकाल सका। उसकी सारी कोशिश नाकाम रही। वह मिसीयांग उसके मांस के अंदर चला गया था। वह न तो बैठ सकता था और

न ही सो सकता था। वह एक बड़े पेड़ पर चढ़ा और उस मिसीयांग को नीचे लटकाकर शाखा पर बैठ गया। इस तरह वह इसके साथ आराम से बैठना सीख गया। धीरे-धीरे घाव भर गया परन्तु मिसीयांग नहीं निकल सका और वह उसकी पूँछ बन गई।

इस घटना के बाद शरारती और हमेशा उधम मचाने वाला बच्चा अपनी दादी से इतना डर गया कि उसे घर लौटने का साहस ही नहीं हुआ। इस घटना से उसे यह सबक मिला कि बड़ों की बात नहीं मानने से केवल दुख और बर्बादी ही मिलती है। परिणामस्वरूप उसे बिना घर के जंगल में जंगली जानवर की तरह रहना पड़ा। वह बहुत शांत हो गया परन्तु डर के मारे पेड़ों के ऊपर छिपता रहा। वह अपनी भूख़ मिटाने के लिए फल और पत्तियाँ खाने लगा। वह अब जंगली जानवर बन गया और लम्बी पूँछ तथा काले मुँह वाले लंगूर की प्रजाति बन गया। चूँकि अपनी दादी से छिपने के लिए वह पेड़ों पर रहता था इसलिए वृक्षवासी जानवर बन गया।

सुनहरे रंग के लंगूर गारो पहाड़ियों पर पाए जाते हैं, जिनकी लम्बी पूँछ और काले मुँह होते हैं। अत: यह सत्य है कि लंगूर के असली पूर्वज कभी इन्सान थे। गर्म-गर्म मकई खाने के कारण उसका मुँह काला और मिसियांग चिपकने के कारण लम्बी पूँछ हो गई। यही कारण है कि लंगूर की पूँछ लम्बी होती है।

वज्रशल्क की मौत का बुलावा

एक दिन सारे दिन कठिन परिश्रम करने के बाद कावात्ते वज्रशल्क अपने पेट के बल धीरे-धीरे रेंगता हुआ घर की ओर लौट रहा था। अचानक उसे एक बाघ मिला, जो अपने शिकार की खोज में था। उसे अपने ऊपर खतरे का अहसास हुआ। उसने तुरंत अपने आपको एक गेंद की तरह सख्त बना लिया और साँस रोक कर स्थिर हो गया। बाघ कावात्ते के ऊपर कूद पड़ा और उसे खाने की कोशिश की परन्तु नहीं खा सकता क्योंकि पलक झपकाते ही वह रेंगने वाला जीव एक कठोर गेंद के रूप में बदल गया। बाघ की समझ में नहीं आया कि यह कैसे हो गया? वह फिर उसके ऊपर कूदा पर उसकी कोशिश बेकार गई। उसने कावात्ते की खाल खोलने की बहुत कोशिश की परन्तु वह खोल नहीं पाया। बाघ बहुत निराश हुआ परन्तु वह बहुत भूखा था अत: वह शिकार को अपने हाथ से जाने नहीं देना चाहता था। वह पीछे हट गया और सोचने लगा कि कावात्ते को कैसे मारा जाए? वह चुपचाप कावात्ते को देखने लगा और किसी तरह उसे मारने का अवसर खोजने लगा।

कावात्ते कुछ देर के लिए बिना हिले-डुले पड़ा रहा। जब सब कुछ शांत हो गया रहा; उसने सोचा कि बाघ वहाँ से चला गया। मूर्ख कावात्ते ख़ुशी से कहने लगा – अरे! बाघ कितना बेवकूफ है? इतने बड़े आकार का होते हुए भी उसमें थोड़ा-सा दिमाग नहीं है। अगर उसके पास थोड़ा भी धैर्य होता, तो वह आसानी से मेरे नरम पेट पर बैठकर उस समय मेरा शिकार कर सकता था, जब मैं पेट के बल रेंगने के लिए पलट जाता। उसे खाने में भी आसानी होती। उसकी किस्मत ख़राब थी, ऐसा लगता था कि वह जल्दी में था, उसे अगली बार के लिए शुभकामनाएँ।

शिकारी बाघ पास में ही था और उसने यह सुना तो उसे विश्वास नहीं हुआ कि कितना किस्मतवाला था। वह सोच रहा था कि वह शिकार कैसे करे? अब उसे पता चल गया कि वज्रशल्क कावात्ते का शिकार कैसे किया जा सकता

है? बेवकूफ़ कावात्ते ने अपने आप ही सबकुछ बता दिया था। वह अपनी मौत का कारण खुद ही बन गया था। उसकी सच्चाई बाघ के लिए फायदेमंद थी। बाघ ने अपनी किस्मत को धन्यवाद दिया। उसके मन में आशा जगी और वह कावात्ते के पलटने का इंतजार करने लगा। वह चुपचाप बिना आवाज़ किये छिपकर मौका देख रहा था।

कावात्ते कुछ देर तक रुका रहा। चारों ओर शांति थी; उसने सोचा कि शिकारी बाघ वहाँ नहीं है और खतरा टल गया है। वह धीरे से पलटकर रेंगने ही वाला था कि बाघ तैयार था और इस बात की प्रतीक्षा कर रहा था। वह पूरी तरह पलट भी नहीं पाया था कि बाघ उसके कोमल पेट पर कूद गया। कावात्ते को सबसे बड़ा धक्का लगा। उसने खुद को छुड़ाने की बहुत कोशिश की परन्तु उसकी सारी कोशिश बेकार गई क्योंकि बाघ उसके पेट पर बैठा था। वह भाग नहीं सकता था क्योंकि बाघ बहुत ताकतवर था। उसने अपना राज खुद ही बता दिया था अब वही उस पर भारी पड़ गया था। वह बुरी तरह से फँस गया था। वह मन ही मन बहुत पछताया परन्तु अब देर हो चुकी थी। बाघ ने आसानी से उसे अपने कब्ज़े में कर लिया था और उसने आसानी से कावात्ते को मार डाला। मूर्ख कावात्ते अपनी जान गवाँ बैठा। अपनी मूर्खता के कारण उसने अपनी कब्र खोद ली।

अत: जब कोई अपनी बेवकूफ़ी से सारा राज़ कह डालता है, तो वह लौट कर वापिस उसके पास ही आ जाता है। गारो में कहावत है – कावात्ते कु. दिक्गिला यानि पैन्गोलिन ने अपना राज़ प्रकट किया। इससे हमें यह शिक्षा मिलती है कि हमें पता होना चाहिए कि क्या बात कहनी है और कितना छिपाना चाहिए। कभी-कभी कुछ बातें छिपाकर रखना बेहतर होता है।

नमस्ते! क्या बन रहा है?

एक समय की बात है, एक छोटे से गाँव में एक पेटू औरत रहती थी, जिसका नाम कान्ग्रे था। अगर उसे अवसर मिलता, तो वह चार-पाँच लोगों का खाना एकबार में अकेले ही खा जाती थी। इसके कारण पड़ोसी उसे कान्ग्रे मे.चिल्क द ग्लुत्तों (kangre me.chilk the glutton) कहते थे।

कान्ग्रे को मकई या भुट्टा बहुत पसंद था। एक साल मकई पकने के समय उसने अपनी सास के घर जाने का निश्चय किया। उसकी सास दूसरे गाँव में रहती थी। इससे वह अपने ससुराल वालों की सहायता कर सकेगी, साथ ही जी भर करके मकई भी खा सकेगी। उस गाँव के लोग कई तरह की मकई उगाते थे, जिससे उसे खाने का मौका मिलेगा। वे इतनी स्वादिष्ट होती थीं कि उन्हें देखकर मुँह में पानी भर जाता था। अत: कान्ग्रे अपने पति से विदा लेकर खुद सास के घर चल पड़ी।

उसे देखकर उसके ससुराल वाले बहुत खुश हुए और उन लोगों के गर्मजोशी से उसका स्वागत किया क्योंकि उन्हें बुआई के समय मदद के लिए एक जोड़ी हाथ मिल गया था। उनके यहाँ का रिवाज था कि जब कोई करीबी रिश्तेदार घर आता था, तो वे एक मोटा सुअर मारते थे और मक्के का पकवान बनाते थे। कान्ग्रे के लिए भी ये सब बनाया गया। उसने ख़ुशी-ख़ुशी खूब खाया।

थोड़ी देर आराम करने के बाद उसने सोचा कि वह अपनी पांच ननदों से मिलने जाएगी। वे सभी उसी गाँव में रहती थीं। शाम का समय था और सभी लोग रात का खाना बना रहे थे। वह सबसे पहले बड़ी ननद के घर गई। वह रसोई में खाना बना रही थी। रसोई के दरवाजे से झाँककर उसने पुकारा – नमस्कार सारी! तुम क्या पका रही हो? उसे वहाँ देखकर ननद को बहुत आश्चर्य हुआ। उसने पूछा – मिसी रिमितक, अंग.के जा. रितक, अर्थात् क्या तुम थोड़ा चखना चाहोगी? ननद ने उसे एक प्लेट में खाने के लिए दिया। "आहा! मकई, मुझे बहुत पसन्द है" कहते हुए उसने प्लेट ले लिया और पीले मकई को देखकर वह अपने

आपको नहीं रोक नहीं सकी। लकड़ी के छोटे से स्टूल पर बैठकर, स्वाद के ले लेकर उसने पूरा प्लेट साफ़ कर दिया।

"वाह! यह बहुत स्वादिष्ट है, मुझे यह खाना बहुत अच्छा लगा लेकिन अब मुझे दूसरी ननदों से मिलने जाना है। इतने स्वदिष्ट भोजन के लिए बहुत-बहुत धन्यवाद।" इस तरह गुड नाइट कहकर वह ख़ुशी-ख़ुशी अपनी दूसरी ननद के घर चल पड़ी। वह अपनी सभी ननदों से उसी दिन मुलाकात कर लेना चाहती थी। रात होने पर वे सो जाएँगी। दूसरे दिन वह अपनी सास के साथ मकई की बुआई में व्यस्त हो जाएगी और उसे किसी से मिलने मिलाने का समय नहीं मिलेगा।

जब वह अपनी दूसरी ननद से मिलने गयी, तो उसने देखा कि वह रसोई में अपने पूरे परिवार के साथ खाना खा रही थी। सबको खाते देखकर और सबसे मिलने के बाद उसने पूछा, "सारी, तुमने क्या पकाया है?"

"मिसी ससंग, ओको रंग. रंग, अर्थात् क्या आप हमारे साथ खाओगी?" कहते हुए ननद ने उसे खाने के लिए दिया। वह अलग तरह की मकई थी, उसने कभी नहीं खाया था। कान्ग्रे के मन में लालच आ गया; उसके मुँह में पानी भर गया। दो बार पेट भर कर खाने के बाद भी उसने कहा, "क्यों नहीं, इसकी खुशबू बहुत अच्छी है। जितनी अच्छी इसकी खुशबू है, क्या यह खाने में भी उतनी स्वादिष्ट है?" ननद ने उसे एक प्लेट खाने के लिए दिया और कहा, "लो खाओ और खुद ही बताओ।" वहाँ कान्ग्रे ने एक प्लेट खाया और कहा, "बहुत-बहुत धन्यवाद, मैंने तुम्हारे बनाई मकई को खूब स्वाद लेकर खाया परन्तु रात होने से पहले दूसरी ननदों के घर मिलने जाना है नहीं तो वे बुरा मानेंगी।" यह कहकर वह वहाँ से चली गई।

वह अपनी तीसरी ननद के घर पहुँची और मिलते ही पूछा-"यहाँ से मकई की अच्छी खुशबू आ रही है। सारी, तुमने किस किस्म की मकई बनाई है?" "मिसी जोंग. सु.ओको सुसु, यानि आओ, और थोड़ा खाकर देखो," ननद ने कहा। "ओह! फिर एक नए किस्म की मकई? क्या यह अच्छी है? मैंने पहले इसे

नहीं खाया," कान्ग्रे ने कहा। उन लोगों ने जो मकई पकाई थी, वह अलग किस्म की थी। कान्ग्रे उसे देखकर ललचा गई। वह पहले ही प्लेट भर कर खा चुकी थी और उसका पेट भी भरा था लेकिन वह दूसरे किस्म की मकई खाने का मौका नहीं चूकना चाहती थी। अत: उसने खड़े-खड़े थोड़ा खाया।

खाने के बाद वह अपनी चौथी ननद के घर चल पड़ी। उसने अपनी पाँचों ननदों से उसी दिन मिलाने का इरादा पक्का कर लिया था, जिससे दूसरे दिन वह पूरी तरह फसल बोने में मदद कर सके। अपनी चौथी ननद के यहाँ पहुँचकर उसने पूछा – सारी, तुम क्या बना रही हो? उसकी ननद कहा, "मिसी बरसात, ओको सा. सत. यानि यह एक नए किस्म की मकई है और बहुत स्वदिष्ट भी है। आओ, हमारे साथ थोड़ा और खाओ। उसने एक प्लेट खाने के लिए दिया।

कान्ग्रे ने पहले ही तीन ननदों और सास के यहाँ भोजन किया था लेकिन वह नहीं कैसे कह सकती थी। उस समय मकई का समय था और हर घर में लोग मकई पका रहे थे परन्तु सभी की अलग-अलग किस्म की मकई थी और सबका स्वाद अलग-अलग था अत: वह अपने आपको रोक नहीं सकी। इसके अलावा अगर वह मना करती, तो उसकी ननद बुरा मान सकती थी इसलिए उसने फिर थोड़ा खड़े-खड़े खाया। उसका पेट इतना भरा था कि वह बैठ नहीं पा रही थी।

अन्त में वह अपनी सबसे छोटी ननद के घर गई और पूछा – क्या बना रही हो सारी? छोटी ननद ने जवाब दिया, "मिसी नेंग्वा, ओको वावा. यहाँ से कुछ खाओ, यह तुम्हारे पेट के लिए अच्छा है।" उसने फिर एक प्लेट भर दिया। पेट भरने के बाद भी वह मना नहीं कर पाई। उसने पहले ही इतना खा लिया था कि उसे लगा कि उसका पेट फट जाएगा। वह जानती थी कि उससे और नहीं खाया जायेगा पर कैसे मना करे क्योंकि आदिवासी जनजातियों में दिए गए खाने के लिए मना करना अशिष्टता होती है। इसलिए पेट भरे होने बावजूद उसे खाना पड़ा।

कान्ग्रे ने खाने का निश्चय कर लिया। अगर ननद से सम्बन्ध बनाए रखना था, तो वह खाने के लिए मना नहीं कर सकती थी। उसने प्लेट ले लिया

और जबरदस्ती निगल लिया। जल्दी ही उसे बहुत तकलीफ होने लगी। वह किसी तरह वहाँ से निकली। उसने ज़रूरत से ज्यादा खा लिया था; इस कारण उसे खुद पर शर्म आ रही थी। उसने बिना कुछ कहे चुपचाप उस रात सास के घर लौटने का निश्चय किया। उसकी हालत बहुत ख़राब थी।

कान्म्रे और अधिक नहीं चल पाई। किसी तरह वह गाँव से कुछ दूर ही चल पाई। वह इतनी बीमार हो गई कि उसने आराम करने के लिए रुकना पड़ा। एक सपाट चट्टान को देखकर वह वहीं बैठ गई परन्तु उसका पेट इतना भरा था कि वह फट गया और उसकी अतड़ियाँ बाहर आ गईं। अधिक खाने के कारण पेटू कान्म्रे वहीं मर गई। स्वादिष्ट चीज़ें अगर अधिक खाएँ, तो वह बहुत नुकसान करती हैं जैसे कान्म्रे ने अत्यधिक खाने के कारण बहुत बड़ा मूल्य चुकाया। सही कहा है कि ज़रूरत से ज्यादा कोई भी चीज़ नुकसान पहुँचाती है। हिंदी में कहावत है कि लालच बुरी बला है।

नोनोई और चेंग्गरी

जून-जुलाई के महीने में खेत में मकई पकने लगती है पहाड़ में हर जगह भूरे बड़े झीगुरों का शोक-गीत नो-नो-इ-इ नो-नो-इ-इ नो-नो-इ-इ सुनाई देता है। वे क्यों शोक मनाते हैं? इसके पीछे एक कारण है। नोनोई और चेंग्गरी नामक दो झींगुर बहनें एक छोटी-सी झोपड़ी में रहती थीं। जब वे बहुत छोटी थीं, तब उनके माता-पिता की मृत्यु हो गई थी। उनके कोई भी रिश्तेदार उन्हें रखने के लिए तैयार नहीं थे अत: वे अपने आप अकेले रहती थीं और खाने के लिए वे झूम खेती करती थीं।

एक साल उनके लिए सचमुच मुश्किलों से भरा था। जून-जुलाई के महीने में मक्के की बालियाँ लगने लगीं, उस समय दोनों बहने बहुत चिंतित हो गईं क्योंकि उनके पास में खाने के लिए अनाज का एक दाना भी नहीं था और न ही कोई साधन था। उनकी समझ में नहीं आ रहा था कि इस महीने वे क्या करेंगीं क्योंकि फसल पकने में देर थी। मक्के में लगी बालियों को देखकर उन्हें थोड़ी आशा हुई कि इस साल फसल जल्दी पक जाएगी।

एक दिन बड़ी बहन चेंग्गरी खेत में काम कर रही थी; उसने अपनी बहन से कहा कि वह खेत से मक्के की कुछ बालियाँ शाम को खाने के लिए ले ले। नोनोई ने एक टोकरी मकई भरी और उसे बड़ी कढ़ाई में भूना। जब उसने उसे खोलकर देखा तो उसे मकई का एक भी दाना नहीं मिला। उसने सोचा कि अगर उसकी बहन को खाने में मकई नहीं मिली, तो वह बहुत चिढ़ जाएगी। उसने फिर बालियाँ तोड़ीं पर उसमें दानें नहीं थे; उसे केवल छिलका मिला क्योंकि उस समय मकई लगी नहीं थी। नोनोई डर गई और उसे समझ में नहीं आया कि वह क्या करे?

वास्तव में उस समय मकई की फसल के पकने का नहीं था, उस समय दाने आने का था। यह बात नहीं थी कि नोनोई इस बात को नहीं जानती थी। वह

बहुत तनाव में थी क्योंकि उसकी बहन चेंगरी के क्रोधी स्वभाव को जानती थी। वह अपनी बहन को पूरी बात कैसे बताए? हो सकता था कि वह उसकी बातों पर विश्वास न करे इसलिए उसने फिर अच्छी-अच्छी मकई इकट्ठा किया और शाम को खाने के लिए पकाया। उसके बाद वह नदी में नहाने और पानी भरने के लिए गई।

उसी समय चेंगरी झूम खेत से लौटी; वह भूखी और थकी भी थी। उसने मक्के के तने और बालियाँ देखीं। बहुत उम्मीद से उसने मक्के की पत्तियां खोलीं और खाने बैठी लेकिन उसमें केवल छिलका था; दाने नहीं थे। उसने दूसरी मकई खोली खोली; उसमें भी दाने नहीं थे केवल छिलका ही था। वह गुस्से से भर गई।

उसने सोचा – अगर उसने सचमुच कुछ मकई भूने तो वे कहाँ हैं? उसने चारों ओर देखा और पूरे घर में खोजा परन्तु उसे मक्के का एक भी दाना कहीं नहीं मिला। लगता है कि या तो बहन ने छिपा दिया है या खुद खा लिया है। 'आने दो, उसे घर लौटने दो', उसने गुस्से में कहा।

जैसे ही नोनोई वापिस आई, चेंगरी अपनी बहन पर गुस्से से बरस पड़ी। बिना कुछ पूछे उसने अपनी बहन के बाल खींचे और जलती लकड़ी से उसे बुरी तरह पीटने लगी। वह चिल्लाती रही उसने कहा – तुमने सारा मक्का खा लिया न? तुम ऐसा कैसे कर सकती हो, भुक्खड़? कम से कम तुम्हें मेरे लिए भी तो बचाना चाहिए। मैं कितनी मेहनत करती हूँ। वह बिना कुछ सुने लगातार चिल्लाती रही और खूब गुस्सा किया।

नोनोई ने बहुत समझाने की कोशिश की कि उसे मक्के में कोई दाना नहीं मिला इसलिए खाने के लिए वह मक्के का छिलका पकाने के लिए मज़बूर थी लेकिन सब बेकार हुआ क्योंकि चेंगरी को उसकी बातों पर विश्वास नहीं था। उसने सोचा कि उसकी बहन ने सारा मक्का खा लिया और उसके लिए केवल छिलका रखा। वह कितनी स्वार्थी और लापरवाह है।

हारकर वह रोते हुए अपनी बहन से बोली, "बहन, मैं तुमसे सत्य कह रही हूँ कि मैंने मक्के का एक भी दाना नहीं खाया। मक्कों में दाना नहीं था; उसमें मुझे पत्ते ही मिले। अत: मजबूरी में मैंने उसे ही पकाया।"

नोनोई के लाख कहने पर भी उसकी बड़ी बहन बात मानने के लिए तैयार नहीं थी। उसने कहा – यदि तुम्हें यकीन नहीं है तो मेरा पेट काट कर देख लो। गुस्से में बिना सोचे-समझे चेंग्गरी ने चाकू लिया और अपनी बहन का पेट काट दिया। हाय! उसके पेट में मक्के का एक भी दाना नहीं था; वह खाली था। नोनोई ने पूरे दिन कुछ भी नहीं खाया था और वह सच कह रही थी।

चेंग्गरी को तुरंत होश आया और उसे लगा कि गुस्से में उसने क्या पागलपन कर डाला? वह अपने इस काम से बहुत घबरा गई और उसे अपने किए पर बहुत पछतावा हुआ लेकिन सब बेकार था। उसने अपनी बहन को वापिस लाने की खूब कोशिश की पर नोनोई मर चुकी थी। बहुत देर हो चुकी थी।

चेंग्गरी खूब रोई और अपनी बहन को वापिस आने के लिए बार-बार पुकारने लगी। वह अपनी मृत बहन को लेकर जोर-जोर से चिल्ला रही थी - नोनोई...नोनोई ...नोनोई...मुझे माफ़ करो और वापिस आ जाओ। वह अपनी बहन को वापिस बुलाने के लिए बहुत बेचैन थी परन्तु अब कुछ नहीं हो सकता था।

तब से आज तक जून-जुलाई के महीने में जब मक्के में बालियाँ लगने लगाती हैं तब झींगुरों का शोक-गीत सुनाई देता है – नोनोई...नोनोई। ऐसा लगता है कि वह आज भी दुख से अपनी बहन को पुकारती है। यह सत्य है कि शक़ या संदेह विनाश का कारण है अत: संदेह के आधार पर, बिना किसी प्रमाण के क्रोध में किया गया फैसला गलत हो सकता है और भविष्य में चेंग्गरी की तरह पछतावे के अतिरिक्त कुछ भी हाथ नहीं आएगा।

ईमानदार सूअर और धोखेबाज कुत्ता

एक समय की बात है एक गाँव में एक वृद्ध दम्पति रहते थे। उनकी कोई संतान नहीं थी परन्तु वे भाग्यशाली थे कि उनके पास दो वफादार पालतू जानवर – सूअर और कुत्ता थे, जो उनके साथ हमेशा रहते थे। वे संतानहीन दम्पति उन्हें अपने बच्चों के समान रखते थे। दोनों पालतू जानवर भी उन्हें बहुत प्यार करते थे और उनके साथ-साथ खेती करने में उनकी मदद करते थे। एक बार वृद्ध व्यक्ति बीमार हो गया और वह खेत में नहीं जा सकता था अत: उसने दोनों को बुलाया और कहा –

मेरे प्यारे बच्चों ! देखो आज मैं बीमार हूँ इसलिए मैं खेत में काम करने नहीं जा सकूँगा लेकिन खेत जोतना ज़रूरी है। तुम दोनों जाओ और जितना जोत सकते हो खेत जोत लो। शाम को मैं आऊँगा और देखूँगा कि तुम लोगो में से किसने-कितना काम किया है? जिसका अच्छा काम होगा उसे पुरस्कार मिलेगा। पुरस्कार के रूप में उसे पका हुआ खाना मिलेगा और वह घर के अन्दर रह सकता है। अगर मुझे लगा कि किसी ने ठीक से काम नहीं किया है तो उस खाने के लिए बिना पकाया हुआ खाना मिलेगा और वह घर के बाहर रहेगा। यह तुम्हारी मेहनत और वफादारी की परीक्षा होगी।

दोनों पालतू मालिक के कहे अनुसार खेत की ओर चल पड़े। दोनों ने ईमानदारी से काम शुरु कर दिया। उस दिन बहुत गर्मी और उमस थी इसलिए वे जल्दी थक गए। कुत्ता गर्मी नहीं सह पाया, वह थोड़ी देर के लिए पेड़ की छाया में लेट गया और खर्राटे भरने लगा। उस समय असहनीय गर्मी में भी सूअर अपना काम कर रहा था जबकि कुत्ता आराम से सो रहा था। मेहनती सूअर गर्मी में बिना आराम किये अपना काम कर रहा था लेकिन कुत्ता खर्राटे पर खर्राटा भर रहा था। उसे पेड़ के नीचे ठंडक और आराम मिल रहा था। देर दोपहर को अचानक कुत्ते को वह बात याद आई, जो उसके मालिक ने सुबह कहा था। सूअर को यह

देखकर बहुत आश्चर्य हुआ क्योंकि कुत्ता सोना छोड़कर पागलों की तरह भौंकने लगा और खेत के चारों ओर दौड़ने लगा। जोते गए खेत के चारों ओर दौड़ने के कारण पूरे खेत में उसके पैरों के निशान बन गए थे। सूअर अपने दोस्त की बात से अनजान आश्चर्य से उसे देख रहा था।

शाम को उनका मालिक काम देखने आया। वह अपने पालतू पशुओं का काम देखकर बहुत खुश हुआ। उसके पालतुओं ने अपना काम पूरी जिम्मेदारी से किया था। उसने उनके काम की प्रशंसा की और पूछा कि क्या दोनों ने कठिन परिश्रम किया है? उस समय सूअर ने शिकायत की कि कुत्ता पेड़ की छाया में आराम से सो रहा था। चालाक कुत्ते ने तुरंत जवाब दिया कि सूअर झूठ बोल रहा है। उसने कहा – यह एक बहुत बड़ा झूठ है। यह आराम कर रहा था जबकि मैं कड़ी मेहनत कर रहा था।

इसके बाद दोनों आपस में लड़ने लगे। दोनों ने यह दावा किया कि उन्होंने कड़ी मेहनत की है। वे एक-दूसरे पर आरोप लगाने लगे कि एक सो रहा था और दूसरा काम कर रहा था। दोनों अपने मालिक का स्वादिष्ट भोजन करना चाहते थे। मालिक असमंजस में पड़ गया। उसकी समझ में नहीं आ रहा था कि वह क्या करे? उसकी यह समझ में नहीं आया कि जो अभी तक मिलजुल कर रहते थे और उनके बीच कोई मनमुटाव नहीं था; अचानक उनमें इतना परिवर्तन कैसे आ गया? वे दोनों वफादार थे और वह दोनों से प्यार करता था। उसने कभी नहीं सोचा था कि वे एक-दूसरे को धोखा भी दे सकते हैं। उसे दुविधा में देखकर चालाक कुत्ते ने कहा – आप खेत में जाकर देंखे कि वहाँ किसके पैरों के निशान हैं? इस पर मेहनती सूअर चिल्लाया – अरे ! यह सरासर अन्याय है। मैंने कड़ी मेहनत करके खेत जोता

जिसे कुत्ते ने अंधाधुंध दौड़ते हुए बर्बाद कर दिया। सूअर की बात सुनकर मालिक और भी उलझन में पड़ गया क्योंकि वह दोनों से प्यार करता था और उन्हें ईनाम भी देना चाहता था परन्तु यह पता करना भी ज़रूरी था कि कौन सच बोल रहा है?

उसे कुत्ते की सलाह ठीक लगी। वह खेत में गया और उसे वहाँ कुत्ते के पैरों के निशान ज्यादा दिखाई दिए। सूअर के लाख समझाने के बाद भी उसने उसकी बात मानने से इंकार कर दिया क्योंकि उसे इस बात का प्रमाण मिल गया था। उसने अपने किए गए वादे के अनुसार कुत्ते को पकाया हुआ खाना और घर के अन्दर रहने दिया जबकि सूअर को घर के बाहर अच्छी-सी जगह दी लेकिन उसे घर के अन्दर आने की अनुमति नहीं मिली।

चालाक कुत्ते ने यद्यपि कुछ भी नहीं किया, धोखे से पुरस्कार प्राप्त किया परन्तु उसका मूल्य मेहनती सूअर ने चुकाया। अगर हम ध्यान से देखें तो हम आसानी से समझ सकते हैं कि किसने मेहनत की और कौन आलसी था? कौन असली है और कौन धोखेबाज?

अपने साथ बिना कारण हुए अन्याय से सूअर कुत्ते को कभी क्षमा नहीं कर सका और कुत्ते तथा सूअर में कभी मित्रता नहीं हो सकी। वे एक-दूसरे के शत्रु बन गए। देखा गया है कि अक्सर आसपास रहने वाले बेईमान व्यक्ति ईमानदार लोगों का फायदा उठाते हैं इसलिए सलाह है कि हमें उनसे सावधान रहना चाहिए।

बंदर और जंगली मुर्गी

एक दिन जब बंदर जंगल में यूँ ही घूम रहा था; उस समय उसकी मुलाकात जंगली मुर्गी से हुई, जो खाने की खोज में घूम रही थी। मिलनसार बंदर ने जल्दी ही अजनबी से दोस्ती कर लिया। वे दोनों एक-दूसरे से मिलते रहे और बातें करते रहे। इसलिए जंगली मुर्गी ने अपने नए मित्र को अपने घर खाने पर आमंत्रित किया। बंदर खुशी-ख़ुशी तैयार हो गया।

जंगली मुर्गी अपने घर मेहमान आने के कारण बहुत खुश थी । वह रसोईघर में खाना बनाने में व्यस्त हो गई। जब मेहमान आया तो दोनों बातों में व्यस्त हो गए । जंगली मुर्गी ने पानी से भरा बर्तन आग पर रखा और उसके उबलने का इंतज़ार करने लगी। जब पानी उबलने लगा तो वह बर्तन के किनारे बैठ गई और दो अंडे दिए। उसके मेहमान ने ऐसा दृश्य कभी नहीं देखा था। उसके लिए यह अविश्वसनीय और आश्चर्यजनक घटना थी। उसने अपने दिमाग पर बहुत जोर डाला कि वे दो सफ़ेद चीजें, जो उसकी दोस्त ने पानी में छोड़ी थीं, वे क्या थीं? वह ऐसा आश्चर्य कैसे कर सकती थी? बंदर की समझ में नहीं आया।

जब खाना तैयार हो गया और बंदर के सामने अंडे की तरकारी परोसी गई। उसे वह सचमुच पसंद आई और उसने स्वाद लेकर खाया। उसने ऐसी सब्जी कभी नहीं खाई थी क्योंकि वह बहुत स्वादिष्ट थी। कुछ समय बिताने के बाद उसने अपनी दोस्त को इतने स्वादिष्ट खाने के लिए धन्यवाद दिया और उसके बदले में जंगली मुर्गी को अपने घर खाने के लिए बुलाया। जंगली मुर्गी ने भी आने के लिए हाँ कहा।

कुछ दिन बीत गए। एक दिन वादे के अनुसार जंगली मुर्गी ने अपने दोस्त के घर जाने का निश्चय किया। बंदर उसे देखकर बहुत ख़ुश हुआ साथ ही उसे मेहमाननवाजी का मौका मिल गया। वह अपने मित्र को आराम से बैठने के लिए कहकर खाने बनाने के लिए रसोईघर में चला गया परन्तु अपने मित्र को खिलाने के लिए उसके पास कुछ भी नहीं था। इसलिए उसे बहुत शर्म आई

क्योंकि उसका सारा बर्तन खाली था। उसकी समझ में नहीं आया कि वह क्या करे? वह अपने दोस्त को भूखा नहीं भेज सकता था क्योंकि वह उसके बुलाने पर उसके घर आई थी।

वह जमीन पर बैठ गया और सोचने लगा। अचानक उसे एक उपाय सूझा कि वह भी अपने दोस्त की तरह अंडे की तरकारी बना कर खिला सकता है। उसे याद था कि उसके दोस्त ने कैसे तरकारी बनाई थी। उसी प्रकार एक बर्तन में पानी उबलने के लिए रख दिया। जब पानी उबलने लगा लगा तो वह बर्तन के किनारे बैठ गया और अंडे देने की कोशिश की। बहुत कोशिश करने के बाद भी एक भी अंडा बाहर नहीं आया। इस कोशिश में उसका संतुलन बिगड़ गया और वह बर्तन में गिर पड़ा। उबलते पानी में उसका पीछे का भाग जल गया।

वह दर्द से कराह उठा और उसने किसी तरह उबलते पानी से अपने आपको निकला पर उसका नितम्ब पूरी तरह से जल गया था। देर होते देख उसकी मित्र जंगली मुर्गी उसे देखने अंदर आई कि वह क्या कर रहा है? उसने अपने मित्र को दर्द से लौटते हुए देखा। बेचारी जंगली मुर्गी को खाने के लिए कुछ भी नहीं मिला और वह भूखी ही घर लौट आई। उसे अपने मित्र की बचकानी हरकत पर बहुत गुस्सा आया। वह गुस्से में अपने मित्र को घायल अवस्था में छोड़कर चली गई। बंदर ने उसे जाते देखा। वह बहुत शर्मिंदा था लेकिन वह शर्मिंदगी दूर करने मिटाने के लिए कुछ भी न कर सका। उसका नितम्ब इतना जल गया कि उसकी खाल निकल गई। उसका घाव भर गया परन्तु पूरा भाग लाल और बाल रहित हो गया।

मूर्ख बंदर अपनी मूर्खता के कारण अपने मित्र की नक़ल के कारण उसका नितम्ब हमेशा के लिए लाल और बाल रहित हो गया। उसे अपनी मूर्खता का भारी मूल्य चुकाना पड़ा। बिना सोचे-समझे नक़ल करने के कारण वह अपने लिए दर्द और घाव का निशान मिल गया।

बंदर और मेंढक

एक जंगल में एक मिलनसार बंदर रहता था। उसकी दोस्ती एक मेंढक से हो गई। स्थानीय भाषा में बंदर को अमक (amak) तथा मेंढक को दिप्लोक (diplok) कहते हैं। दोनों अकेले थे। जल्दी ही वे दोनों गहरे दोस्त बन गए। उन्हें एक-दूसरे का साथ बहुत पसंद था। वे हमेशा अपना समय एक-दूसरे के साथ बिताते थे; अक्सर एक-दूसरे के घर जाते थे और एक साथ खाते-शिकार करते थे।

एक दिन दिप्लोक मेंढक ने अपने मित्र से पूछा कि क्या वह किसी दिन मछली पकड़ने जाएगा? बंदर ने ऐसा कार्य कभी नहीं किया था अत: यह सुनते ही वह ख़ुशी से उछलने लगा। इसलिए उन्होंने दूसरे दिन मछली पकड़ने का निश्चय किया। उस दिन अमक बंदर को बहुत आश्चर्य हुआ क्योंकि उसका दोस्त बिना मक्काल के खाली हाथ आया। मक्काल की जड़ें और तना स्थानीय लोगों द्वारा किया जाता था। इससे मछलियाँ बेहोश हो जाती हैं। बंदर ने सोचा कि शायद वे रास्ते में रुककर मक्काल इकट्ठा के लेंगे अत: वह मेंढक के पीछे-पीछे चल पड़ा।

वे चलते-चलते नदी के किनारे पहुँच गए परन्तु दिप्लोक मक्काल लेने के लिए कहीं नहीं रुका; न ही उसने इस तरफ ध्यान दिया। अमक अपने दोस्त की इस बात पर असमंजस में पड़ गया। वह अपनी उत्सुकता को नहीं रोक पाया और उसने से पूछा – "दोस्त, हमलोगों ने मक्काल नहीं इकट्ठा किया है; क्या अभी इसे ले लेना चाहिए?"

"तुम इतनी छोटी चीज के लिए क्यों चिंता कर रहे हो, दोस्त? मेरे पास पर्याप्त मात्रा में है जिससे मैं एक सप्ताह तक मछलियों को मार सकता हूँ।" मेंढक ने लापरवाही से उत्तर दिया।

मित्र का यह राज बंदर की समझ में नहीं आया। वह पूरे समय अपने दोस्त को आश्चर्य से देख रहा था। उसे इस बात पर आश्चर्य हो रहा था कि वे

खाली हाथ किस तरह मछलियाँ मारेंगे? उसका मित्र अपने साथ कोई भी थैला नहीं लाया था। वह भी खाली हाथ था।

वे नदी के किनारे पहुँचे और सबसे पहले उन्होंने गहरा पानी खोजा, जहाँ ढेर सारी मछलियाँ हों। उन्हें एक जगह गहरा पानी मिल गया, जहाँ मछलियाँ थीं। वे मछलियाँ पकड़ने के लिए वहीं रुक गए। दिप्लोक ने पेड़ से एक डाल तोड़ी और मित्र से कहा – यह सही जगह है। यहाँ ढेर सारी मछलियाँ हैं; हमें बहुत सारी मिल जाएँगी। अमक बंदर उस समय भी पूछना चाह रहा था कि वे खाली हाथ मछलियाँ कैसे पकड़ेंगे? उसकी समझ में नहीं आ रहा था। उसके मित्र ने कहा – दोस्त, मैं पानी में गोता लगाता हूँ और तुम पानी के किनारे बैठकर सावधानी से देखते रहना। जब मैं ऊपर आऊँगा, तो उस समय तुम इस डाल से मेरी पीठ पर धीरे-से मारना जब तक कि सफेद झाग न निकल जाए।

दिप्लोक मेंढक पानी में कूद गया जबकि अमक बंदर हाथ में छड़ी लेकर नदी के किनारे खड़ा ध्यान से देख रहा था। जब भी दिप्लोक बाहर आता उसकी पीठ पर डाल से धीरे से मारता। उसकी समझ में नहीं आ रहा था कि क्या हो रहा है? कुछ मिनट बाद सारा तालाब सफ़ेद झाग से भर गया और मछलियाँ सफ़ेद झाग से बेहोश हो गयीं; वे पानी में तैरने लगीं। अमक ने जल्दी से उन्हें अपने पंजों में दबा लिया।

दिप्लोक पानी से बाहर आया और उन्होंने एक बोरी मछलियाँ इकट्ठी कर लीं। उन्होंने इतनी मछलियाँ कभी नहीं इकट्ठी की थीं। वे बहुत खुश थे। उन्होंने मछलियाँ आपस में बराबर-बराबर बाँट लीं और घर आ गए। अमक अपने मित्र से इतना प्रभावित हुआ कि उसने ऐसा खुद करने के लिए सोचा।

एक सप्ताह बीत गया और पकड़ी गई मछलियाँ समाप्त हो गईं। इसलिए अमक के अपनी पत्नी से कहा कि उन्हें मछली पकड़ने के लिए नदी की ओर जाना चाहिए। उस समय वह अपने दोस्त के तरीके को आजमाना चाहता था। उसने अपनी पत्नी से कहा कि वह मछली पकड़ने के लिए एक बड़ी टोकरी ले ले। जब सब तैयार हो गया तो उसने पगड़ी अपने सिर पर बांधी और ख़ुशी से

सीटी बजाता हुआ अपनी पत्नी के साथ चल पड़ा। वह मन ही मन उस दिन पकड़ी गई मछलियों के बारे में सोच रहा था।

रास्ते में उसकी पत्नी को याद आई कि वे मछलियाँ पकड़ने के लिए मक्काल नहीं लाए। उसने पूछा कि वे मक्काल नामक विषैले पौधों को कहाँ को कहाँ से इकट्ठा करेंगे क्योंकि बिना मक्काल के नहीं पकड़ी जा सकती हैं। अपनी पत्नी के बार-बार पूछने से अमक ने नाराज होकर कहा, "बेवकूफी मत करो औरत ! तुम इतनी छोटी-सी चीज़ के लिए क्यों चिंता कर रही हो? तुम्हें अपने पति पर भरोसा नहीं है। हमें जिस चीज़ की आवश्कता है, वह मेरे पास काफी मात्रा में है। रुको और इंतज़ार करो। जैसा मैं कहता हूँ, वैसा ही करो।"

उसकी पत्नी चुप हो गई लेकिन वह उसके उत्तर से संतुष्ट नहीं थी। उसका पति बेवकूफी भरा काम करने जा रहा था इसलिए वह चिंतित थी। उसे समझ में नहीं आ रहा था कि वह क्या करेगा? वह चुपचाप उसके साथ चलने लगी। वे नदी के किनारे पहुँच गए। उन्होंने नदी के गहरे किनारे को खोजा, वहाँ ढेर सारी मछलियाँ थीं। अमक ने पेड़ की एक डाल तोड़ी और अपनी पत्नी को देते हुए कहा –

"सुनो औरत, मैं पानी में गोता लगाने जा रहा हूँ। जब मैं बाहर आऊँ तो तुम मेरे सिर पर इस छड़ी से तब तक मारना, जब तक कि सफ़ेद चीज़ बाहर न आ जाए। समझी?" उसकी पत्नी ने चुपचाप सिर हिलाया। उसे अपने पति की बेवकूफी पर आश्चर्य हो रहा था।

बन्दर जोश में पानी में कूद पड़ा क्योंकि वह ढेर सारी मछलियाँ पकड़ने जा रहा था। कुछ देर बाद वह बाहर आया; उसकी पत्नी ने उसके सिर पर जोर से मारा। बंदर दर्द से भर गया और उसने फिर से गोता लगाया। जल्दी ही वह फिर ऊपर आया और उसकी पत्नी ने जोर से उसके सिर पर मारा। बंदर बार-बार साँस लेने के लेने के लिए बाहर आता तब उसकी पत्नी उसके सिर पर जोर से मारती रही पर सफ़ेद झाग बाहर नहीं आया। पत्नी ने सोचा कि शायद उसने उसके सिर पर जोर से नहीं मारा इसलिए दूसरी बार जब अमक बाहर आया तो

उसकी पत्नी ने इतनी जोर से मारा कि अमक दर्द से बिलबिला कर पानी में चला गया और बार-बार मारने से उसका सिर फट गया। उसका दिमाग बाहर आ गया और जब सफ़ेद चीज़ पानी पर तैरने लगी, तब उसकी पत्नी ने मारना बंद किया। उस समय बन्दर बंदर मर चुका था। उसका चेहरा झुका हुआ था और वह पानी में तैर रहा था। बंदर की पत्नी ने अपने पति को तैरते हुए देखा तो उसने सोचा कि वह पानी से बाहर नहीं आना चाहता इसलिए वह चिल्लाई – "अरे! तुम क्या कर रहे हो? ओ मूर्ख बंदर! बाहर आओ। तुम्हारी सारी योजना बेकार गई। यहाँ एक भी मछली मरी नहीं है।" बंदर ने कोई जवाब नहीं दिया। वह फिर चिल्लाई पर बदले में कोई उत्तर नहीं मिला; केवल चुप्पी थी। बार-बार पुकारने पर भी जब कोई जवाब नहीं आया तो उसकी पत्नी सोच में पड़ गई। वह खुद नदी में गई और अमक को पानी से निकाला। अमक मर चुका था। उसका सिर फट गया था।

तब उसे पता चला कि उसका पति जीवित नहीं रहा। वह लगातार सिर पर मारे जाने के कारण मर चुका है। वह जोर-जोर से रोने लगी। कितने दुःख की बात थी कि उन्होंने एक भी मछली नहीं पकड़ी और ढेर सारी मछलियों की जगह वह अपने मृत पति को टोकरी में लेकर आई, जिससे वह उसका अंतिम संस्कार कर सके। बेवकूफ बंदर अपनी मूर्खता के कारण अपने मित्र की नक़ल करने के कारण अपनी जान से हाथ धो बैठा। अत: बिना सोचे-समझे दूसरों की नक़ल नहीं करना चाहिए। इससे हम अपने लिए मुसीबत पैदा कर सकते हैं।

हाथी की सूँड़

गारो जनजाति के लोगों का यह मानना है कि पहले हाथियों की सूँड़ आज की तरह इतनी लम्बी नहीं होती थी; वह छोटी होती थी। यह कैसे हुआ? इसके पीछे एक गारो लोक कथा है। एक दिन हाथी का बच्चा नदी के किनारे अपने आप खेल रहा था। उस नदी में मगरमच्छ रहते थे इसलिए उसकी माँ ने उसे उनसे सावधान रहने के लिए कहा। बच्चा हाथी खेल में इतना मस्त था कि उसने माँ की चेतावनी पर ध्यान देना ज़रूरी नहीं समझा। उसे खेलना इतना अच्छा लग रहा था कि वह माँ की बातों को भूल गया।

अचानक उसे लगा कि उसका सूँड़ कोई खींच रहा है। एक मगरमच्छ ने उसकी सूँड़ को पकड़ लिया था और उसे खींचकर नदी में ले जाने लगा। वह बहुत डर गया और अपनी माँ को बुलाने लगा। माँ ने उसकी पुकार सुनी तो दौड़ी-दौड़ी वहाँ आई। माँ के लिए जैसे खतरे की घंटी बज गई।

मगरमच्छ उसके बच्चे की सूँड़ पकड़कर नदी में ले जा रहा था, यह देखकर वह बहुत घबरा गई। माँ ने तुरंत अपने बच्चे को पकड़ा और उसे बाहर खींचने लगी। उसने अपने बच्चे से कहा कि वह भी पूरी ताक़त से अपने आपको खींचे। मगरमच्छ बहुत बड़ा और ताक़तवर था अत: उसकी पकड़ खूब मज़बूत थी। दोनों मिलकर भी नहीं छुड़ा सके। दोनों के बीच खींचा-तानी चल रही थी पर दोनों बराबरी पर थे।

इस बीच बच्चे हाथी को यह लगा कि इस खींच-तानी में उसकी सूँड़ लम्बी होती जा रही है। शाम होने तक मगरमच्छ पूरी ताक़त से लगातार कोशिश करने के कारण थक गया पर वह बच्चे हाथी को नदी में नहीं ले जा सका और अंत में थककर उसने सूँड़ छोड़ दिया। बेचारा हाथी, उसकी सूँड़ इतनी लम्बी हो गई कि ऐसा लग रहा था कि एक साँप उसके सिर से चिपक गया हो। वह बहुत दुखी और निराश हो गया। उसे अपनी बदसूरत सूँड़ पर शर्म आ रही थी। वह गुस्से में चीज़ें इधर-उधर फेंकने लगा। उसकी माँ को समझ में नहीं आया कि वह

क्या करे? उसके पास उसकी सूँड़ छोटा करने के लिए कोई जादू नहीं था। उसने अपने बच्चे को समझाया कि थोड़ी दिनों के बाद उसकी सूँड़ अपने आप सही आकर में आ जाएगी। बच्चे हाथी को कुछ समझ में नहीं आया वह अपना काम कैसे करे? वह अपनी माँ का दूध भी नहीं पी पाता था क्योंकि उसकी उसकी लम्बी सूँड़ बीच में आ जाती थी। वह पानी भी नहीं पी पाता था क्योंकि उसकी लम्बी नाक बीच में आ जाती थी।

माँ ने प्यार से उसे समझाया और धैर्य बंधाते हुए कहा कि धीरे-धीरे उसे लम्बी सूँड़ की आदत हो जाएगी और वह सूँड़ की सहायता से बहुत कार्य करने लगेगा। उसकी माँ ने उससे नाक से पानी खींचने और छोड़ने के लिए कहा। बच्चे हाथी ने वैसा ही किया। उसके बाद उसने कुछ पत्तियाँ तोड़ी और सूँड़ से अपने मुँह में डाल लिया। इसके बाद कई काम अपने सूँड़ से करने लगा। उसे इस पर बहुत आश्चर्य हुआ। धीरे-धीरे उसे अपनी सूँड़ से काम करना आ गया। अब वह खुश था और सूँड़ से खूब मौज-मस्ती कर लेता था। इस तरह हाथी को लम्बी सूँड़ मिली।

सीढ़ियाँ चाँद की ओर

रात में नीले आसमान में चमकता चाँद किसे अच्छा नहीं लगता है? बचपन में बच्चे चाँद को मुट्ठी में भरने की जिद भी करते हैं पर कुछ ऐसे लोग भी होते हैं, जो आकाश में चमकते चाँद को धरती पर लाने की योजना बनाते हैं, वह भी सीढ़ियाँ बनाकर, है न रोचक बात?

असम और गारो के उत्तर में एक पहाड़ी है, जो जजोंग कडोरमा के नाम से जानी जाती है। जिसका अर्थ है – चाँद तक पहुँचने का रास्ता। देखने से लगता है कि पहाड़ के ऊपर एक पर एक चट्टानें रखी हों। ये बड़ी-बड़ी चट्टानें इस प्रकार रखी हैं जैसे इसके पीछे कोई वजह हो। कुछ चट्टानें तो इस प्रकार रखी है कि वे ऊपर से किसी भी समय लुढ़क सकती हैं। स्थानीय लोगों के अनुसार यहाँ से चाँद तक पहुँचाने के लिए सीढ़ियाँ बनाई गईं थीं।

गारो मिथक कहता है कि एक समय की बात है, एक गाँव में मूर्खों का एक समूह रहता था, जो चाँद को आकाश से तोड़कर पृथ्वी पर लाना चाहता था। उन्होंने चाँद को तोड़ने की क्यों योजना बनाई? यह किसी को मालूम नहीं है। वास्तव में यह मूर्खतापूर्ण योजना थी लेकिन वे इस कार्य को नहीं कर सकते थे क्योंकि इस कार्य को पूरा करने के लिए उन्हें अधिक लोगों की आवश्यकता थी। अत: उन्होंने अपनी योजना गाँव वालों को बताई। पहले तो गाँववाले तैयार नहीं हुए क्योंकि उन्हें यह योजना केवल पागलपन के सिवाय और कुछ नहीं लगी। लगातार कोशिश करके उन्होंने गाँववालों को तैयार कर लिया। नतीजा, पूरा गाँव इस बात से उत्साहित था कि जब आकाश का सुन्दर चाँद धरती पर आ जाएगा और उनके बीच होगा तो कितना अच्छा लगेगा? वे अपनी योजना को पूरी करने के लिए विचार-विमर्श करने लगे। अपनी योजना को पूरी करने के लिए वे जल्दी-जल्दी बड़ी-बड़ी चट्टानें इकट्ठी करने लगे, जिससे वे स्वर्ग तक सीढ़ियाँ बना सकें।

सभी आवश्यक सामग्री, पर्याप्त चट्टानें एवं छोटे-बड़े पत्थर इकट्ठे हो गए। वे लोग अपना कार्य बहुत जोश से कर रहे थे। सभी ने बहुत मेहनत की थी। एक दिन सभी निर्धारित समय पर निश्चित जगह पर पहुँच गए। वे एक-दूसरे को पत्थर दे रहे थे। जिसे वे एक के ऊपर एक रखकर सीढ़ियाँ बना रहे थे। शीघ्र ही सीढ़ी बन गई और वह बहुत ऊँची थी। इतने में आकाश में बदल छा गए और चारों ओर धुंधलका छा गया। इसके कारण कुछ दिखाई नहीं दिखाई दे रहा था। इससे वे सीढ़ी की ऊँचाई को और उस पर चढ़े व्यक्ति को नहीं देख पाए, जो चाँद को धरती पर लाने के लिए ऊपर चढ़ा था। उसके हाथ में एक लम्बा बाँस था। उसने सोचा कि वह बाँस की सहायता से चाँद तक पहुँच जाएगा पर जब वह ऊपर पहुँचा तो उसने देखा कि चाँद उसकी पहुँच से बहुत दूर है। उसने एक और बाँस देने के लिए ऊपर से आवाज़ दिया पर बादलों के कारण किसी ने उसकी आवाज़ नहीं सुनी।

दुर्भाग्य से किसी को आवाज़ साफ नहीं सुनाई दी, न ही उनकी समझ में आया कि वह क्या चाहता है? उसका जोर-जोर से चिल्लाना सुनकर सबने सोचा कि उस व्यक्ति को चाँद मिल गया है। उसने चाँद तोड़ लिया है और वह नीचे आने के लिए तैयार है। वे चाँद मिलने की ख़ुशी में एक-दूसरे को देखकर चिल्लाने लगे। चाँद को जल्दी पाने के लिए उन्होंने सीढ़ियाँ काट दिया। सीढ़ी काटकर उन्होंने बड़ी भूल की। सीढ़ी कटने से वह आदमी लुढ़कता हुआ चट्टानों और पत्थरों के साथ आ गिरा और बुरी तरह घायल हो गया।

वह उन पत्थरों की ढेर में दफ़न हो गया और मर गया। सारे पत्थर और सारी चट्टानें पहाड़ी के आस-पास इधर-उधर बिखर गए केवल कुछ सीढ़ियाँ बची। जब उन्हें असली स्थिति का पता चला तो न वहाँ चाँद था और न ही सीढ़ियों पर चढ़ा वह व्यक्ति। सबको बहुत दुःख हुआ पर वे कुछ नहीं कर सकते थे क्योंकि ऐसा नुकसान हो चुका था कि इसकी भरपाई नहीं हो सकती थी। सारी योजना असफल हो गई थी इसलिए उन्होंने फिर से कोशिश नहीं की।

उस दिन से आज भी टूटी हुई सीढ़ियाँ जजोंग कडोरम ए. बरी चुटियापरा, तुरा पाईकान राष्ट्रीय मार्ग पर देखी जा सकती हैं। यह स्थान इस बात की याद दिलाता है कि कैसे मूर्ख लोगों की बात मानने से और उसे पूरा करने के कारण मुसीबत आती है। अत: सदैव किसी के कहने पर नहीं अपितु स्वविवेक स्व काम लेना चाहिए।

लंगूर की भेंट

बहुत पहले की बात है कि गारो पहाड़ियों के जंगल में एक घमंडी अकड़बाज बाघ रहता था। वह अपने आपको जंगल का राजा समझता था। उसके शक्तिशाली होने के कारण किसी ने उसका विरोध नहीं किया। एक दिन जब वह अपना शिकार करने में आसफल रहा तो सोचने लगा – अरे मैं तो जंगल का राजा हूँ। मुझे शिकार नहीं करना चाहिए। मैं कुछ ऐसा करूँ कि मेरे लिए सबकुछ आसान हो जाये। मुझे काम भी ना करना पड़े और पेट भी भर जाये।

अत: उसने जंगल के सभी छोटे बड़े जानवरों की एक सभा बुलाने की सोची। इसके बाद उसने एक आदेश जारी किया। आदेशनुसार सभी जानवरों को निर्धारित स्थान, दिन में निश्चित समय पर इकट्ठा होने को कहा।

आदेश सुनकर सभी जानवरों को बहुत आश्चर्य हुआ। सबके मन में यह प्रश्न था कि बाघ ने उन्हें क्यों बुलाया है? जंगल के सभी जानवर निश्चित स्थान पर समय पर पहुँच गये। बाघ ने सबको उत्साह से देखा। सबके सामने दहाड़ते हुए कहा – "मैंने इस जंगल के राजा के रूप में यह सभा बुलाई है। इसमें मुझे कुछ महत्वपूर्ण बात करनी है।" यह सुनकर किसी ने कुछ नहीं कहा क्योंकि बाघ उनसे ज्यादा शक्तिशाली पशु था।

सभा में छाई चुप्पी तोड़ते हुए बाघ ने कहा – "मैं जंगल का राजा हूँ और आप सब मेरी वफादार प्रजा हैं। आप सबको अपने राजा को उपहार देना चाहिए। अतः आप ही निश्चय कीजिए कि आप अपने आकार और शक्ति के अनुसार मुझे क्या दोगे? मैं यह चाहता हूँ कि आप स्वयं बताएं कि आप मुझे कितना वार्षिक कर देंगे? "

सभा में सबसे पहले हिरण को देखकर उसने दहाड़ते हुए कहा – "हिरण, तुम सामने खड़े हो, आगे आओ और बताओ ; तुम लोग मुझे कितना वार्षिक भेंट दोगे? "

बाघ की दहाड़ सुनकर हिरण घबरा गया। वह लड़खड़ाता हुआ सामने आया और बोला – "महाराज मैं वर्ष में आपको अगर एक हिरण दूँगा, तो क्या आप खुश होंगे?"

यह सुनकर बाघ बहुत खुश हुआ और बोला – "बहुत अच्छा, मैंने तुम्हारा प्रस्ताव स्वीकार किया।"

इसके बाद जंगली सूअर सामने आया और विनम्रता से बोला – हुजूर! मैं हर साल एक जंगली सूअर भेंट के लिए भेजूंगा। इसी प्रकार बंदर भी सामने आया और उसने अपना प्रस्ताव दिया कि वह भी साल में एक बार एक बंदर उसे देगा। यह देखकर एक के बाद एक जानवर सामने आये और अपनी प्रजाति के एक-एक जीव को देने का वादा बाघ से किया। बाघ बहुत खुश हुआ।

सभा समाप्त हो गई और सभी जानवर अपने-अपने घर जाने लगे। हमेशा की तरह लंगूर भागता हुआ देर से पहुंचा। सामने से आते हुए अपने चचेरेभाई बंदर से कहा – "भाई मुझे जल्दी ही बाघ से मिलना है इसलिए उससे मिलने से पहले तुम मुझे सभा में हुई साड़ी बातचीत की सुचना दे दो।"

बंदर की तो आदत है दूसरों को चिढाना। पहले उसने लंगूर की खूब टांग खींची फिर मजाक करते हुए बोला – "मैंने हर साल बाघ को एक बन्दर देने का वादा किया है। अतः उसे भी ऐसा करना चाहिए"। लंगूर बहुत भोला भाला था। उसने बिना किसी संदेह के बन्दर की बात मान ली और किसी से कुछ नहीं पूछा लेकिन जल्दबाजी में उसने पूरी बात नहीं सुनी। वह बाघ के पास पहुंचा और बोला – "हे राजा! अगर आप खुश हों और देर से आने के लिए मुझे क्षमा करें, तो मैं वादा करता हूँ कि प्रतिमाह आपको एक लंगूर दूँगा। लंगूर वास्तव में प्रतिवर्ष बोलना चाह रहा था परन्तु उसके मुँह से वर्ष की जगह माह निकल गया था।

लंगूर के प्रस्ताव पर बाघ को विश्वास ही नहीं हुआ। वह बहुत खुश था क्योंकि यह अब तक का सबसे लाभकारी प्रस्ताव था। हर जानवर तो उसे वर्ष में एकबार भेंट देंगे जबकि लंगूर हर माह देगा। अतः उसने लंगूर को देर से आने पर माफ़ कर दिया। उसके बाद लंगूर द्वारा किये वादे के अनुसार वह हर महीने एक

लंगूर मारकर खाता था। जबकि दूसरे जानवरों से उसे वर्ष में एक ही जानवर मिलता था। लंगूर को देर से आने के कारण भारी मूल्य चुकाना पड़ा। (गारो लोककथा के अनुसार इसीलिए लंगूर की संख्या बंदरों से कम है)

सही कहा गया है कि हमें समय का पाबन्द होना चाहिए और कोई भी निर्णय खूब सोच समझकर ही लेना चाहिए अन्यथा उसका भारी मूल्य चुकाना पड़ता है।

दोम्बे (एक प्रेम कथा)

गारो पहाड़ियों में कई स्थान हैं जो रहस्यों और किवदंतियों से भरे हुए हैं। एक ऐसी ही किवदंती है दोम्बे वारी, जो बहुत सुन्दर झील है; पहाड़ियों के बीच हरियाली ओ घने जंगलों से घिरी है। दक्षिण गारो पहाड़ियों में चोक्पोत (chokpot) विकास प्राधिकरण क्षेत्र में एमन अ. अक्ग्रे (Eman A. akgre) गाँव से कुछ किलोमीटर दूर पर स्थित है। घने वन्य प्रदेश, दुर्लभ जड़ी-बूटियाँ, वन्य पशु-पक्षी आदि से भरी पड़ी हैं।

इस झील को लेकर एक बहुत रोचक और सुन्दर किवदंती तथा मिथक है। स्थानीय लोगों के अनुसार यह झील बहुत पुरानी नहीं है। यह झील उस समय बनी जब जलपरियों के राजा ने अप्रतिम सुंदरी दुम्बे की सुन्दरता से मोहित होकर उसे उसके पति से छीन लिया। दूसरी ओर दोम्बे के पति ने सोचा कि उसकी पत्नी का किसी और से गुप्त प्रेम सम्बन्ध है। इस प्रकार दोम्बे की अपनी ही सुन्दरता उसके लिए अभिशाप बन गई। यहाँ की प्राकृतिक सुन्दरता मानों दोम्बे के सौन्दर्य की अनुभूति कराती है। यह देखते हुए राज्य पर्यटन विभाग ने इसे पर्यटन स्थान बनाने का निर्णय लिया है।

अनुमान लगाया जाता है कि यह झील दो दशक पहले यहाँ आए भयंकर भूकंप का परिणाम हो सकता है परन्तु स्थानीय लोगों की अपनी मान्यता है। उनके अनुसार यह साधारण झील नहीं है। स्थानीय लोगों के अनुसार दक्षिणी गारो पहाड़ी क्षेत्र में दरंग नदी के किनारे राम्पत्ग्रे नामक छोटे से गाँव में एक बहुत सुन्दर बच्ची का जन्म हुआ। उसके जन्म से पहले उसके माता-पिता को सपने में दैवी शक्तियों ने बताया था कि उनके घर में एक असाधारण सुन्दर बच्ची लेगी, जो आगे चल कर किवदंती और मिथक बनकर हमेशा याद की जाएगी। उसमें एक विशेषता थी; जब वह छोटी थी, तब भी उसमें इतना आकर्षण था कि जो उसे देखता, देखता ही रह जाता था। वे उसे दोम्बे कहकर बुलाते थे। उसकी

सुन्दरता के कारण लोग उसे दोम्बे रानी बुलाते थे। जैसे-जैसे दोम्बे बड़ी होती गई, वह और भी सुन्दर होती गई। उसकी सुन्दरता के कारण उसके माँ-बाप उसकी सुरक्षा को लेकर हमेशा चिंतित रहने लगे। दोम्बे न केवल सुन्दर थी साथ ही सुशील और गुणों से युक्त थी।

जब वह विवाह योग्य हो गई तो उसका विवाह जोरेंग नामक युवक से हो गया। युवा दूल्हा को अपनी युवा दुल्हन की सुन्दरता पर बहुत गर्व था। वह अपनी पत्नी की सुन्दरता से इतना मुग्ध था कि वह कहीं भी किसी से भी मिलता तो अपनी पत्नी की सुन्दरता के बारे में ही बोलता, जहाँ भी जाता, जो कुछ भी करता, कहीं भी, किसी भी समय, किसी भी अवसर पर और किसी स्थान पर हमेशा अपनी पत्नी की खूबसूरती के बारे में बाते करने लगता। इससे लोग उसकी एक ही बाते सुन-सुनकर ऊब गए और उससे दूर-दूर रहने लगे।

एक के बाद एक दोम्बे दो प्यारी बेटियों की माँ बन गई परन्तु उसकी सुन्दरता जरा भी कम नहीं हुई। उसकी सुन्दरता वैसी की वैसी बनी रही। वास्तव में मातृत्व ने उसके सौन्दर्य को और भी बढ़ा दिया था। जोरेंग उसकी और भी प्रशंसा करने लगा, यहाँ तक कि वह उसकी सुन्दरता की तुलना आसपास की प्राकृतिक सुन्दरता से करने लगा। एक दिन तड़के सुबह दोम्बे का बड़बोला पति नदी के किनारे सुन्दर वातावरण को सराह रहा था और कहने लगा कि उसकी पत्नी इतनी सुन्दर है कि उसकी तुलना किसी से भी नहीं की जा सकती है। दुर्भाग्य से उसी समय मत्स्य राजा गहरे तालाब के किनारे सूरज की रोशनी में बैठा था, उसने यह बात सुन ली। बात सुनकर उसने सोचा कि एक साधारण आदमी इतना बढ़-बढ़कर बोल सकता है। उसके मन में उत्सुकता हुई और उसने इस बात का पता स्वयं लगाने का निश्चय किया कि वह आदमी बहुत ज्यादा बोल रहा है या सचमुच उसकी पत्नी इतनी सुन्दर है।

अत: एक दिन मत्स्य राजा ने फेरीवाले का वेश बनाया और सजावट की वस्तुएँ लेकर उस गाँव में गया, जहाँ दोम्बे और उसके परिवार वाले रहते थे। फेरीवाले के मन में सिर्फ एक ही बात थी कि किसी तरह उसे दोम्बे की एक झलक

मिल जाए। गाँव की औरतें सामान देखने आई परन्तु उनमें दोम्बे नहीं थी। उसे देखने के लिए मत्स्य राजा की उत्सुकता बढ़ती जा रही थी। इतने में दोम्बे अपनी दो बेटियों के साथ बाहर आई। उसने छोटी बेटी को गोद में लिया था और बड़ी बेटी को दूसरे हाथ से पकड़ा था। जैसे मत्स्य राजा ने उसे देखा तो देखते ही रह गया। उसकी नज़रें दोम्बे के चेहरे से नहीं हटीं। वह एकटक उसे घूरे जा रहा था मानों उसे निगल जाना चाहता था। वह एकदम सुन्दरता की प्रतिमूर्ति थी। वह उसके प्यार में डूब गया और उसी समय उसने उसे अपनी रानी बनाने का निश्चय किया। उसने दोम्बे को संगोंग (बाँह पर पहनने वाला एक गहना) आजमाने के लिए दिया। सच तो यह था कि उसने वह संगोंग दोम्बे के लिए ही बनवाई थी जिससे उसे आसानी से पहचाना जा सके। दोम्बे ने उसे पहन तो लिया परन्तु जब वह उसे उतारने लगी तो वह नहीं उतरी। अब दोम्बे दुविधा में पड़ गई क्योंकि उसके पास पैसे नहीं थे और उसका पति घर से बाहर गया हुआ था। वह पैसे कैसे चुकाए? यह देखकर फेरीवाले ने संगोंग लेने से मना कर दिया और उसे उपहार के रूप में देते हुए कहा – "अरे ! एक संगोंग से मेरा धंधा चौपट नहीं होगा। आप इसे रख सकती हैं।" सबकुछ मत्स्य राजा की योजना के अनुसार हो रहा था। वह वहाँ से चला गया लेकिन उसने दृढ़निश्चय कर लिया था कि जैसे ही मौका मिलेगा, वह उसे जल्दी से जल्दी ले जाएगा।

वह अपने जल राज्य में लौट आया ओए दोम्बे को लाने की योजना बनाने लगा। वह इतना बेचैन हो गया कि हमेशा मौके की तलाश में रहता। गाँव के पास वाली दिल्वांग रोन्ग.कुस्मांग नामक एक गहरा तालाब था। जिसमें मस्त्य राजा खेलना पसंद करता था और गाँव के लोग उसमें नहाते थे। इसलिए मत्स्य राजा गहरे पानी में छिपकर मौके की प्रतीक्षा करने लगा। आखिर वह अवसर जल्दी ही आ गया। एक दिन दोम्बे अपनी दोनों बेटियों के साथ तालाब के किनारे नहाने आई। यह सुनहरा अवसर था क्योंकि उस समय आस-पास कोई नहीं था। मत्स्य राजा बिना देरी किये अचानक ऊपर आया और उसे गहरे पानी में खींच ले

गया। दोनों बेटियाँ किनारे बालू से खेलने में व्यस्त थीं। जब उन्होंने अपनी माँ को नहीं देखा तो वे माँ...माँ ...माँ ...कहकर जोर-जोर से पुकारने लगीं।

उनके रोने की आवाज़ सुनकर दोम्बे तुरंत ऊपर आई। उसने बच्चियों को शांत किया और छोटी बेटी को दूध पिलाया। जब बच्ची ने दूध पी लिया और वे शांत हो गईं तो उसने बड़ी बेटी को समझाते हुए कहा कि वह उनके साथ घर नहीं लौट रही है। मत्स्य राजा ने उसका अपहरण कर लिया है। अब उसे वापिस जाना चाहिए और अपने पिता को पूरी बात बता देनी चाहिए साथ ही उसने बड़ी बेटी से यह भी कहा कि वह अपनी छोटी बहन की देखभाल अच्छी तरह से करे। जब भी वह भूखी हो; वह उसे तालाब के किनारे ले आए और दोम्बे को पुकारे। दोम्बे ने वादा किया कि वह हमेशा आस-पास रहेगी और अपनी बेटी को दूध पिलाने के लिए किसी भी समय आ जाएगी। दोनों लड़कियाँ रोते-रोते घर वापसी आईं और जो कुछ घटा था, उसे बताया। पति को कुछ समझ में नहीं आया न ही उसे इस बात पर विश्वास हुआ।

"दोम्बे का अपहरण ! वह भी मत्स्य राजा के द्वारा, क्या बकवास है?" जोरेंग अविश्वास से चिल्लाया। कुछ देर बाद जब वह शांत हुआ तो उसने मन ही मन अपनी सुन्दर पत्नी को वापिस लाने का वादा किया। जब वह दोम्बे को वापस लेने के लिए सोच रहा था उसी समय उसकी बड़ी बेटी अपनी छोटी बहन को लेकर दूध पिलाने के लिए माँ के पास ले जा रही थी। उसने निश्चय करके अपनी मिल-ऍम (दुधारी तलवार) उठाई और नदी के किनारे बेटियों के साथ चल पड़ा। वहाँ वह झाड़ियों में छिप गया और बड़ी बेटी से कहा – माँ को बुलाओ। दोम्बे को अपनी बेटी का रोना सुनाई दिया और वह मत्स्य राजा की निगरानी में बाहर आई। अवसर देखकर उसका पति झाड़ियों से कूद कर बाहर आया, उसने एक हाथ से अपनी पत्नी को पकड़ा और दूसरे हाथ से मत्स्य राजा पर तलवार चलाई। मत्स्य राजा अचानक हुए हमले से घबरा गया और वह घायल हो गया। उसने तुरंत पानी में छलांग लगा दिया।

वह आदमी अपनी पत्नी को घर वापिस तो ले आया पर कितने दिनों के लिए? खतरा अभी टला नहीं था। शीघ्र ही उसने अपने परिवार के साथ सुरक्षित स्थान की खोज में चल पड़ा क्योंकि वह वहाँ बहुत असुरक्षित महसूस कर रहा था। कुछ दिनों बाद ही वह अपने परिवार को गाँव से दूर एमन ए सक्ग्रे गाँव के आगे पहाड़ की चोटी पर ले गया। वह जगह घटनास्थल से दूर एकांत में थी, वहाँ आस-पास कोई नहीं रहता था। उसके एक विशाल बरगद के पेड़ की ऊँची शाखा पर एक छोटा-सा बोरंग (पेड़ पर बना हुआ घर) बनाया और वहाँ रहने लगा। वास्तव में वह अभी भी सुरक्षित महसूस नहीं कर रहा था। उसे आशंका थी कि मत्स्य राजा किसी भी समय दोम्बे को खोजते हुए वहाँ आ सकता है अत: वह हमेशा चौकन्ना होकर अपने परिवार की रखवाली करता था। दोम्बे और बेटियों को बोरंग से बहार जाने की अनुमति नहीं थी। घर के बाहर का सारा काम वह खुद ही करता था।

इधर मत्स्य राजा गुस्से में भर गया था। एक ओर वह अपने घाव का इलाज करवा रहा था तो दूसरी ओर दोम्बे के छीने जाने का दुःख मना रहा था। दोम्बे के लिए उसका प्यार सर चढ़ कर बोल रहा था; वह उसे हर हाल में पाना चाहता था। वह उसके बिना नहीं रह सकता था। उसे यह मंजूर नहीं था कि एक इन्सान के पास उससे अच्छी चीज़ हो। दोम्बे के प्यार में पागल मत्स्य राजा ने अपने सिपाहियों को आदेश दिया कि दोम्बे की खोज की जाए, चाहे धरती हो या जल। उसने अपने सिपाहियों को हर जगह, हर कोने, हर दिशा, पहाड़-मैदान सब जगह भेजा साथ ही यह भी आदेश दिया कि कोई पत्थर न छोड़ा जाए क्योंकि कहीं भी दोम्बे को छिपा कर रखा गया होगा।

कई महीने बीत गए। उस समय तक दोम्बे और उसका परिवार अपने जीवन में व्यस्त हो गए हालाँकि उस छोटे बोरंग में उन्हें असुविधा होती थी। कई महीनों बाद खोज में लगे एक सिपाही ने छिपकर यह पता लगा लिया कि दोम्बे और उसका परिवार पहाड़ी के ऊपर एक बोरंग में रह रहे हैं। यह शुभ समाचार राजा के पास पहुँचा दिया गया। दोम्बे का पता लगाने के बाद मत्स्य राजा ने उसे

वापिस लाने की योजना बनाई। इसके लिए उसने पहाड़ी के अन्दर ही अन्दर बरगद के पेड़ की जड़ तक सुरंग बनाने का आदेश दिया, जहाँ दोम्बे और उसकी बेटियाँ रहती थीं।

सुरंग बनाने में कई सप्ताह लगे। यह काम बोरंग के नीचे चल रहा था, इससे दोम्बे और उसके परिवार वाले अनजान थे। दोम्बे को शायद इस बात का अहसास हो गया था कि उसके परिवार के साथ कुछ हो सकता है। इसलिए वह बार-बार अपने पति से कहती कि वह सुरक्षा के लिए समय रहते बेटियों के साथ भाग जाए लेकिन जोरेंग अपनी पत्नी से बहुत प्यार करता था, वह अपनी पत्नी को मत्स्य राजा की दया पर नहीं छोड़ना चाहता था। कितना भी बुरा समय हो, वह अपने परिवार की रक्षा करना चाहता था।

इधर सारी तैयारियाँ पूरी हो गईं तो जब सारा संसार गहरी नींद में सो रहा था, तड़के सुबह अँधेरे में अचानक मत्स्य राजा ने पहाड़ी के ऊपर एक छेद बनाया और अपने खोए हुए प्यार को पा लिया। रात भर में पूरी पहाड़ी ढह गई और वहाँ एक गहरा गढ्डा बन गया। देखते ही देखते वह गहरी झील में बदल गया।

सुबह होने पर गाँव वालों को बहुत आश्चर्य हुआ और उन्हें विश्वास नहीं हुआ क्योंकि पूरी पहाड़ी की चोटी, जहाँ दोम्बे और उसका परिवार रहता था, अचानक गायब हो गया केवल बरगद की ऊपरी शाखाएँ साफ़ पानी में दिखाई दे रहीं थीं। गाँव वालों की समझ में नहीं आया की यह सब कैसे हो गया। उन्हें भूकम्प का हलका-सा झटका तो महसूस हुआ था परन्तु वह इतना तेज़ नहीं था, जिससे इतना बड़ा नुकसान हो। उन्होंने उनके मृत शरीर को ह्कोजा पर पता नहीं चला केवल जोरेंग एक किनारे मरा पाया गया लेकिन दोम्बे और उसकी बेटियों का पता नहीं चला। ऐसा कहा जाता है कि मत्स्य राजा उन्हें अपने साथ ले गया।

इस प्रकार यह दुखद अंत था परन्तु मत्स्य राजा के लिए नहीं था, उसे अपनी रानी मिल गई। इस प्रकार तरह-तरह की कहानियाँ फैलती गईं। लोग

कहते हैं कि दोम्बे और उसकी बेटियाँ जीवित रहीं। दोम्बे बूढ़ी हो गई पर लगभग 2000 वर्षों तक मत्स्य रानी बनकर रही।

पहाड़ के ऊपर गहरी झील "दोम्बेवारी" नाम से जानी जाती है, जो यह बताती है कि एक असाधारण सुन्दर स्त्री अपनी ही सुन्दरता की शिकार बन गई। सौभाग्य कहे या दुर्भाग्य, उसका मत्स्य राजा के द्वारा एक बार नहीं; दो-दो बार अपहरण हुआ।

बेवफा शाही कबूतर

एक समय की बात है कि एक दो. पिल्गिम (स्थानीय भाषा-गारो में), जो शाही कबूतर के नाम से भी जाना जाता है, उसकी मित्रता दो. मेसल (स्थानीय भाषा-गारो में) यानि जंगली मुर्गी से हो गई। जंगली मुर्गी राजसी और शालीन दिखती थी। शाही कबूतर उसकी सुन्दरता से बहुत प्रभावित हुआ और उसे उससे प्यार हो गया। जंगली मुर्गी को भी उससे प्यार हो गया। दोनों ने एक-दूसरे की भावनाओं को अच्छी तरह समझ लिया और आखिर में दोनों ने शादी कर ली। वे सफल जोड़े थे। शरद ऋतु बीत गई और बसंत का मौसम का आगमन होने लगा जंगली मुर्गी और भी सुन्दर हो गई। उसकी सुन्दरता ने उसकी ख़ुशी को और भी बढ़ा दिया था। उसके पँखों में और भी चमक आ गई।

छह महीने बीत गए पर उसका प्यार कम नहीं हुआ। बरसात का मौसम आ गया और वर्षा होने लगी। लगातार वर्षा होने कारण जंगली मुर्गी अपनी चमक खोने लगी और पँख भी फीके पड़। वे बहुत बेरंग और बिखरे से दिखाई देते थे, जिसे देखकर उसके पति को अच्छा नहीं लगता था। वह हमेशा कहता कि वह पहले की तरह सज-संवर कर रहा करे। जंगली मुर्गी बहुत कोशिश करती थी कि वह पहले की तरह सुंदर दिखे और अपने पति को खुश रखे परन्तु लगातार बारिश होने के कारण उसका रंग काला पड़ गया था और उसके पँख भी बेरंग हो गए थे। वह अपने पति को खुश नहीं कर पाती थी।

उसका पति उससे कोई सम्बन्ध नहीं रखना चाहता था। उसके लिए उसकी पत्नी बहुत बदसूरत और सुस्त थी। एक दिन उसकी बदसूरती के कारण उसका पति उसे छोड़कर चला गया। जंगली मुर्गी खूब रोई; वह रोते-रोते पति के पीछे-पीछे गई और उससे लौट आने की बहुत मिन्नतें कीं पर वह नहीं माना। उसने कहा कि उसने उसके साथ शादी ही इसलिए की थी क्योंकि वह बहुत सुन्दर थी। अब वह सुंदर नहीं रही इसलिए वह उसे देखना भी नहीं चाहता था।

जंगली मुर्गी अपने पति को वापस लाने में असफल रही और वह खाली हाथ लौट आई।

कुछ महीने बाद मानसून बीत गया और जंगली मुर्गी पहले की तरह सुंदर दिखने लगी। उसके पँखों और रंग-रूप में फिर से चमक आ गई। उसमें फिर से शाही सौन्दर्य आ गया। उसे सुन्दर देखकर उसके पति ने उससे लौट आने का अनुरोध किया परन्तु जंगली मुर्गी अपने पति को सबक सिखाना चाहती थी क्योंकि उसने धोखा दिया था। उसने बड़ी विनम्रता से साफ-साफ कह दिया कि वह उसके साथ और नहीं रह सकती। इस प्रकार उसने अपने पति के प्यार भरे अनुरोध को ठुकरा दिया।

राजसी कबूतर बहुत दुखी हुआ। उसकी सुंदर और प्यार करने वाली पत्नी ने उसे ठुकरा दिया। उसका दिल टूट गया इसलिए इस दुःख में वह शोक गीत ह्म्म्म्म, ह्म्म्म्म, आह ! हाय ! मैंने क्या किया? गाता रहता है। पूर्वजों के अनुसार उस समय से राजसी कबूतर हमेशा ह्म्म्म्म अन्गल, ह्म्म्म्म करते हैं।

मोर और जादुई शाल

एक समय की बात है, एक धनवान व्यक्ति रहता था। उसकी इकलौती बेटी थी, जिससे वह बहुत प्यार करता था। वह उसको खुश करने के लिए कुछ भी करने के लिए तैयार रहता था। जैसे-जैसे वह बड़ी होने लगी, वैसे-वैसे उसकी सुन्दरता बढ़ने लगी। जवान होने पर वह और भी सुंदर हो गई। जब वह शादी लायक हो गई तो पिता ने सुन्दर वर खोजा और उसकी शादी कर दी। प्यार की निशानी के तौर पर उसके पिता ने उसे एक महँगी शाल दी। वह शाल न केवल महँगी थी बल्कि जादुई थी। उसने अपनी बेटी को शाल देते हुए कहा कि वह शाल पर खास ध्यान दे। उसे किसी भी हालत में कोई नहीं छुए क्योंकि वह शाल न केवल सुंदर है बल्कि जादुई भी है। वह शाल अद्भुत कारीगरी का नमूना थी, जिसमें इन्द्रधनुष के सातों रंग थे। इसके कारण वह बहुत आकर्षक लगती थी। ऐसी सुंदर शाल किसी ने पहले नहीं देखी थी। यह शाल इस सुंदर लड़की के लिए देवताओं ने स्वयं बुनी थी। वह बहुत मुलायाम और पारदर्शी थी। वह रोशनी में चमकती थी और जादुई-सी दिखाई देती थी। अत: बेटी के सिवाय किसी को शाल छूना मना था।

गारो रिवाज़ के अनुसार विवाहित जोड़ा ख़ुशी-ख़ुशी लड़की के घर में रहने लगा। एक दिन लड़की ने शाल में धूप दिखने के लिए बाहर डाल दिया और उसी दिन छोटी मछलियाँ और घोंघा पकड़ने के लिए नदी की ओर चली गई। उसका पति उस दिन घर में था इसलिए उसने कहा – कि चाहे वर्षा हो या कड़ी धूप, किसी हालत में शाल छूना मना है। उसने फिर दोहराते हुए कहा, "चाहे बारिश हो या धूप, शाल को नहीं छूना क्योंकि यह साधारण शाल नहीं है; इसे देवताओं ने बनाया है और अगर किसी ने उसे छुआ तो उसके साथ कुछ बुरा हो जाएगा। चाहे जैसा मौसम हो इसे ऐसे ही रहने देना, जब तक मैं वापिस न आऊँ।"

थोड़ी देर बाद ही जब नदी के पास पहुँची, मौसम बदल गया। चारों ओर काले बदल छा गए और लगा कि बारिश होगी। बूंदाबादी होने लगी। धीरे-धीरे जोरदार बरसात होने लगी। ऐसा लग रहा था मानों बदल फट गया हो। मौसम मरण अचानक बदलाव देखकर लड़की मछली पकड़ना छोड़कर जल्दी-जल्दी घर लौटने लगी। उस समय उसका पति घर बैठे-बैठे जोरदार बारिश होते देख रहा था। बिना कुछ सोचे-समझे वह खड़ा हो गया। बारिश हो रही थी और शाल बाहर थी। उसने सोचा अगर शाल नहीं हटाई गई तो वह ख़राब हो जाएगी।

शाल ज्यादा गीली हो जाए, इसके पहले ही उसने शाल अन्दर लाने का निश्चय किया। उसकी पत्नी, जो कि जल्दी-जल्दी घर लौट रही थी, उसने अपने पति को देखा। वह चिल्ला-चिल्लाकर कहने लगी, "मेरे प्यारे ! रुको, शाल मत छुओ; कृपया शाल मत छुओ; मैं आ रही हूँ।" पत्नी दौड़ रही थी और अपने पति से कहती जा रही थी कि शाल मत छुओ। उधर पति की समझ में नहीं आ रहा था कि शाल छूने से कैसे दुर्भाग्य हो सकता था? उसने इस बात की सच्चाई जानने की सोची कि एक कपड़ा कैसे किसी का भाग्य बदल सकता है।

जोरदार बारिश हो रही थी और पत्नी की चेतावनी के बावजूद शाल को अन्दर लाने के लिए वह बाहर आया क्योंकि इतने महँगे शाल को इस तरह बर्बाद होते नहीं देख सकता था। वर्षा के कारण कीमती शाल ख़राब हो सकती थी। वह अपनी पत्नी की बातों की परवाह किये बिना शाल को बचाने के लिए अपनी पत्नी के पहुँचने से कुछ सेकेण्ड पहले उसके पास पहुँचा। पत्नी ने शाल खींचने बहुत कोशिश की परन्तु उसका पति पहले ही शाल पकड़ चुका था।

"हाय ! हमने क्या किया?" पत्नी चिल्लाई। उन्हें अपने शरीर पर जादू का प्रभाव महसूस हुआ। पति शाल छूने के कारण वे दोनों मोर के जोड़े में बदल गया। चूँकि पति अपनी पत्नी से पहले पहुँचा अत: मोर ने शाल के सारे सुन्दर रंग ले लिये जबकि मोरनी को थोड़ा-सा रंग मिला। यही कारण है कि मोर की तुलना में मोरनी कम आकर्षक होती है। अत: सत्य है कि बात नहीं मानने और बेवफाई की कीमत सदा चुकानी पड़ती है।

रुको न, मेरे लिए

किसी गाँव में दो साढ़ू (बहनों के पति) में आपस में बहुत मित्रता थी। जैसा कि अक्सर देखा जाता है। वे हमेशा एक साथ ही बाज़ार या कहीं जाते थे। उन दोनों की दोस्ती मिसाल थी। वे एक दिन बाज़ार गए, जो कि बहुत दूर था। सारा सामान खरीद कर वे घर लौट रहे थे। सूर्यास्त हो गया था पर उन्हें अपने गाँव पहुँचने के लिए एक दिन यात्रा और करनी थी इसलिए उन्होंने रास्ते में कहीं रुकने का विचार किया।

उन्होंने आग जलाकर खाना बनाया और वहाँ एक बड़ा पेड़, जो कि लताओं से घिरा था, सोने का निश्चय किया। छोटे साढ़ू ने पेड़ के ऊपर सोने का निश्चय किया जबकि बड़े ने पेड़ के नीचे सोने का निश्चय किया। छोटे साढ़ू के पेड़ पर चढ़ने से पहले बड़े साढ़ू ने कहा – सावधान रहना; कुछ लताएँ खासतौर पर मारी बुदू (maari budu) से क्योंकि ये मांसभक्षी हैं। छोटे साढ़ू ने इसे मज़ाक समझा और बोला –

"ये बेकार की बात है। क्या आप ऐसे मुम्बो-जंबो (कही-सुनी) बातों पर विश्वास करते हैं? मैं नहीं करता हूँ। बड़े साढ़ू, आप जानते हैं कि ये बातें सच नहीं हैं। सब मनगढ़न्त बातें हैं; जैसे कि कोई वृद्ध स्त्री बच्चों को डराने के लिए कहानियाँ सुनती हैं। क्या तुमने सचमुच इन लताओं को जीवित इंसानों को खाते सुना है? बड़े साढ़ू आप चिंता न करें। मैं सावधान रहूँगा परन्तु मुझे अगर लघु शंका (पेशाब) होगी तो मैं ऊपर से ही करूँगा।"

दिन भर बातें करके वे थक गए थे अत: शीघ्र ही गहरी नींद में डूब गए। जैसे-जैसे रात गहराती गई, लघभग आधी रात को पेड़ नीचे बड़े साढ़ू को लगातार ऊपर से 'टप-टप-टप' किसी चीज़ के टपकने की धीमी-धीमी आवाज़ सुनाई दी। उसने सोचा कि छोटा साढ़ू लघु शंका कर रहा होगा। उसने कहा, "ओ साढ़ू! लघु शंका मत करो; याद रखो कि मैं यहाँ नीचे सो रहा हूँ।"

ऊपर से कोई जवाब नहीं मिला पर सारी रात टप-टप-टप की आवाज़ सुनाई दी। सुबह जब वह जागा तो बहुत डर गया। जिसे उसने पेशाब की बूँदे समझा था, वह तो कुछ और ही था। पूरी जमीन खून से भर गई थी और उसके साढ़ू का कोई अता-पता नहीं था। न तो वह ऊपर था न ही नीचे। उसने उसे पुकारा पर कोई जवाब नहीं मिला। उसे विश्वास हो गया कि छोटे साढ़ू को किसी ने खा लिया है। डर के मारे वह अपना सारा सामान वहीं छोड़ कर तुरंत भाग गया। वह थोड़ी ही दूर गया था कि उसे दूर से अपने साढ़ू के पुकारने की आवाज़ सुनाई दी – ओ!बड़े साढ़ू, बड़े साढ़ू रुको; मेरा इंतज़ार करो; मैं आ रहा हूँ। बड़े साढ़ू, कृपया मुझे अकेला छोड़कर मत जाओ।

बड़े साढ़ू ने तुरन्त मुड़कर देखा तो और भी डर गया। पेड़ से खून से भरा साढ़ू का सिर गिरा, उसका शरीर नहीं था। बिना शरीर के खून से लतपत उसके साढ़ू का सिर "मेरा इंतज़ार करो; रुको!" आवाज़ देता हुआ उसके पीछे-पीछे लुड़कने लगा। वह और भी डर गया और चिल्लाने लगा – पीछे जाओ, दूर हो जाओ। वह जितनी तेज़ी से सिर लुड़कता हुआ उसके करीब आता जा रहा था। बड़ा साढ़ू बिना रुके लगातार तेज़ी से दौड़ता जा रहा था। वह खून से भरे सिर के कारण बहुत डरा हुआ था। जैसे वह गाँव के पास पहुँचा, उसने पीछा करने वाले सिर के गिरने की आवाज़ सुनी। दुर्घटनावश वह सिर रास्ते के किनारे एक गढ्ढे में गिर पड़ा और अपने-आपको उठा नहीं सका। उसकी पीछे मुड़कर देखने की हिम्मत नहीं हुई। वह इतना घबराया हुआ था कि वह दौड़ता ही रहा, जब तक वह अपने गाँव नहीं पहुँच गया। उसकी साँस तेज़ी से चल रही थी और वह बुरी तरह थक गया था।

गाँव पहुँचकर उसने सारी घटना गाँव के बुजुर्गों को सुनाई। उन्हें उसकी बातों पर विश्वास नहीं हुआ। उन्हें यह भी शक़ हुआ कि बड़े साढ़ू ने खुद अपने छोटे साढ़ू को खुद ही मार दिया हो और उसके बाद कहानी बना रहा हो। वे इस किस्से की जाँच करना चाहते थे। गाँव के बुजुर्गों का एक समूह उस जगह पर गए

जहाँ वह सिर रास्ते में गिर गया था लेकिन वहाँ किसी इन्सान का सिर नहीं था। वह सिर वहाँ से कैसे अचानक गायब हो गया? इस पर सबको आश्चर्य हुआ।

अचानक किसी ने देखा कि रास्ते के किनारे एक छोटे से गढ्ढे में इन्सान की खोपड़ी है। जिस पर सफ़ेद चींटियों ने अपना घोंसला बना लिया था, जो इंसान की खोपड़ी जैसी लग रही थी। उन्हें आश्चर्य हुआ कि इतनी जल्दी चींटियाँ अपना घर कैसे बना सकती हैं? पर इस बात का संतोष हुआ कि सिर का पता चल गया।

वे वहाँ गए, जहाँ उन्होंने रात बिताई थी और सामान रखा था। सामान वैसा ही रखा था, जैसा बड़े साढ़ू ने बताया था। उन्होंने सावधानी से उनके एक-एक सामान की जाँच किया। पूरे जमीन पर खून फैला हुआ था। यहाँ तक कि पूरा पेड़ और लताएँ ताज़े खून से भरी थीं लेकिन छोटेसाढ़ू का कोई निशान नहीं था। न तो वह जीवित था न ही मृत।

बारीकी से जाँच करने पर पता चला कि पेड़ से लिपटी लताएँ कोई और नहीं 'मारी बुदू' है। जो कि मांसाहारी है और ताज़ा मांस खाती है। अत: कोई कुछ नहीं कह सका; यह मात्र दुर्भाग्य था।

कौवा (गारो लोककथा)

एक समय की बात है कि एक गाँव में दो साढ़ू भाई रहते थे, जो गहरे दोस्त थे। उनका विवाह एक ही परिवार में हुआ था और उनके अच्छे सम्बन्ध थे। वे अलग-अलग स्थान पर रहते थे। छोटा साढ़ू गाँव के दूसरे छोर पर रहता था। एक दिन जब वे झूम खेती से लौट रहे थे तो रास्ते में उनकी मुलाकात हुई। बहुत दिनों के बाद मिलने के कारण वे देर तक बातें करते रहे। बातों ही बातों में दोनों ने एक साथ समय बिताने के लिए अगली सुबह नदी के किनारे मछली पकड़ने का कार्यक्रम बनाया।

उन्होंने तय किया कि छोटा साढ़ू दूर रहता है इसलिए जैसे ही कौवा बोलेगा, वह आएगा और बड़े साढ़ू को जगाएगा। इस तरह दोनों अँधेरे मुँह मछली पकड़ने चले जाएँगे। घर पहुँचकर बड़े साढ़ू ने सारी योजना अपनी पत्नी को बताई और उससे कहा कि सुबह कौआ बोलते ही वह उसे उठा दे। उस रात जब वह गहरी नींद में था तो उसे अपने साढ़ू के पुकारने की आवाज़ सुनाई दी।

"ओ साढ़ू ! क्या आप अभी तक नहीं जगे? कुछ समय पहले ही कौए ने काँव-काँव कर दिया है। जल्दी करो; नहीं तो दिन में हमें मछलियाँ नहीं मिलेंगी।" यह सुनकर बड़ा साढ़ू हड़बड़ी में उठकर बिस्तर पर बैठ गया और चारों ओर देखा तो अँधेरा था। वह आँखें मलते हुए जग गया। मन ही मन वह गुस्सा हुआ कि उसके कहने के बाद भी उसकी पत्नी ने उसे नहीं जगाया। वह जल्दी से बिस्तर से उठा; मछली पकड़ने के लिए सारा सामान लिया और घर से बाहर आया। बाहर तब भी अँधेरा था; शायद पहला कौआ बोला था। दोनों ख़ुशी-ख़ुशी नदी की ओर चल पड़े।

नदी के किनारे पहुँचकर दोनों ने निश्चय किया कि बड़ा साढ़ू जाल फेंकेगा और छोटा साढ़ू मछलियाँ इकट्ठा करके टोकरी में डालेगा। उस रात जब भी वे जाल फेंकते, ढेर सारी मछलियाँ पकड़ते। कुछ समय बाद बड़े साढ़ू ने सोचा कि उन्होंने काफी मछलियाँ पकड़ लीं होंगी, जिससे टोकरी भर गई होगी। उसने कहा

– वाह साढ़ू ! यह रात हमारे लिए किस्मत वाली है। हम लोगों ने काफी मछलियाँ पकड़ लीं हैं। क्या हमारी टोकरी भर गई है?

"नहीं अभी नहीं भरी।" छोटे साढ़ू ने जवाब दिया। वे दोनों टोकरी भरने से पहले घर नहीं जाना चाहते थे इसलिए उन्होंने मछलियाँ पकड़ना जारी रखा। कुछ समय बाद बड़े साढ़ू ने फिर पूछा – क्या टोकरी भर गई? उस समय तक वे काफी मछलियाँ पकड़ चुके थे। उसे वही उत्तर मिला, "नहीं अभी नहीं।" जब तीसरी बार पूछने पर भी उसे वही ज़वाब मिला तो उसे शक़ हुआ कि इतनी सारी मछलियाँ पकड़ने के बाद भी टोकरी क्यों नहीं भरी? उसने गुस्से में कहा – तुम हर बार यह क्यों कह रहे हो कि टोकरी नहीं भरी जबकि हमने इतनी मछलियाँ पकड़ी हैं कि उससे दो-दो टोकरियाँ भर जानी चाहिए।

बिना कुछ कहे छोटे साढ़ू ने उसे खाली टोकरी दिखाई। बड़े साढ़ू ने झाँककर देखा तो टोकरी पूरी तरह खाली थी। उसने सोचा कि इतनी सारी मछलियाँ कहाँ गईं? आखिर उनका क्या हुआ? उसने कहा – दुष्ट, तुमने सारी मछलियाँ खा लिया? वह गुस्से से छोटे साढ़ू पर चिल्लाता रहा पर दूसरी ओर कोई उत्तर नहीं मिला क्योंकि उसे पता था कि अगर उसने ज़वाब दिया तो पकड़ा जाएगा। उसकी चुप्पी ने बड़े साढ़ू का गुस्सा और भी बढ़ा दिया। वह अपने ऊपर काबू नहीं रख सका और उसने जोरदार घूँसा अपने साढ़ू के मुँह पर मारा।

"आह !" कहकर छोटा साढ़ू बेहोश होकर गिर गया। बड़ा साढ़ू गुस्से में भरा हुआ था इसलिए वह अपनी खाली टोकरी और जाल उठा कर साढ़ू को बिना देखे चल पड़ा। घर पहुँच कर उसने धीरे से दरवाजा खोला और बिस्तर में घुस गया। उसकी पत्नी तब भी सो रही थी परन्तु वह नहीं सो सका। वह अपने साढ़ू से बहुत गुस्सा था क्योंकि उसने उसके साथ बहुत गन्दी चाल चली थी। वह चुपचाप लेटा रहा। इधर सारा गाँव जग गया और मुर्गे ने बांग देना शुरु कर दिया। जल्दी उसने अपने छोटे साढ़ू की आवाज़ सुनी – अरे साढ़ू ! आप अभी तक नहीं जगे। मुर्गे ने बांग भी दे दिया। हमारी योजना के अनुसार हम लोगो के जाने का समय हो गया है।

बड़े साढ़ू ने कोई उत्तर नहीं दिया क्योंकि वह उस समय भी गुस्से से भरा हुआ था। छोटा साढ़ू उसके पास आया और हमेशा की तरह हँसी-मजाक करने लगा लेकिन बड़ा साढ़ू शांत रहा। बड़े साढ़ू ने पूछा कि क्या वह वहाँ आया था? इस पर छोटे साढ़ू ने कहा – तुम क्या बात करते हो? मैं तो अभी आ रहा हूँ और तुम इतने गुस्से में क्यों हो? आखिर क्या बात है? मैं कसम खाता हूँ कि मैं यहाँ आया ही नहीं।" छोटा साढ़ू पूरी बात जानना चाहता था। बड़े साढ़ू को उसकी बात में सच्चाई नज़र आई।

बड़े साढ़ू ने सारी घटना विस्तारपूर्वक बताई। जिसे सुनकर छोटे साढ़ू को झटका-सा लगा। दोनों सोचने लगे कि ऐसी हरकत किसने की होगी? इस विषय पर दोनों ने ज्यादा बहस नहीं की। इसके बाद बड़े साढ़ू ने मछली पकड़ने के लिए जाने से इंकार कर दिया। उसे बहुत अजीब-सा लग रहा था। वे सबेरा होने तक बातें करते रहे। जब पूरी तरह सबेरा हो गया तो उन्होंने सच्चाई का पता लगाने के लिए सोचा।

जैसे ही सुबह हुई दोनों नदी के किनारे चल पड़े। जब वे नदी के किनारे पहुँचे, उन्हें कोई शरीर पड़ा हुआ नहीं मिला। नदी का किनारा सूनसान था। उन्हें इस बात पर बहुत आश्चर्य हुआ कि आखिर किसने छोटे साढ़ू का रूप धारण किया था। उन्होंने चारों ओर देखा लेकिन वहाँ कोई मृत शरीर नहीं था। उन्होंने सोचा – कहीं मृत शरीर को जानवरों ने तो नहीं खा लिया। कुछ देर पहले ही तो बड़ा साढ़ू वहाँ आया था। अगर किसी जानवर ने खाया होगा तो उसके कुछ निशान अवश्य मिलता या कोई उसे खींच कर ले गया होगा तो खींचने के निशान मिलते।

दूसरी ओर जब वह बेहोश होकर गिर गया, तब वह उसकी ओर बिना देखे घर की ओर चला गया। अंत में जब गुत्थी सुलझती नहीं देखी तो घर लौटने का निश्चय किया, उसी समय उन्होंने एक मरे हुए कौवे को वहाँ देखा। उन्होंने उस स्थान को ध्यान से देखा। वह मृत कौआ उसी जगह पर पड़ा था जहाँ बड़े साढ़ू ने मछलियाँ पकड़ी थी और नकली साढ़ू (कौआ) बेहोश हो गया था। दोनों साढ़ूओं ने एक-दूसरे को देखा, उन्हें विश्वास नहीं हुआ। किसी प्रेतात्मा ने कौए का रूप

धारण कर लिया था और उसने छोटे साढ़ू का रूप लेकर बड़े साढ़ू को मछली पकड़ने के लिए उकसाया था।

यह रहस्य कौन जानता है? इसे शब्दों में नहीं कहा जा सकता। लोग कहते हैं कि काले कौवे में कभी-कभी बुरी आत्मा आ जाती है, जो लोगो का शिकार करती है। इसलिए बुजुर्ग कहते हैं कि सुबह अँधेरे मुँह कहीं भी जाने की योजना न बनाएँ; खासतौर पर मछलियाँ पकड़ने के लिए। इससे आत्माएँ भी वहाँ आ सकती हैं। वे कहते हैं कि इन आत्माओं को मछलियाँ बहुत पसंद है अतः मछली के लालच में वे अपने आपको नहीं रोक सकती और उसे खाने का मौका हाथ से जाने देती।

अविश्वसनीय घटना दुरा ए. सिम्ग्रे गाँव की

मेघालय के गारो जिले की राजधानी तुरा से 20 किलोमीटर दूर दुरा ए. सिम्ग्रे नामक गाँव है, जहाँ दो विशेष चट्टानें हैं। जो सूअर की तरह दिखाई देती हैं। इससे जुड़ी एक कहानी है, जो बताती है कि ये चट्टानें वास्तव में दो साढ़ू भाई (brother-in-law) थे। वे आत्माओं के द्वारा पहले सूअर और बाद में चट्टानों के रूप में परिवर्तित हो गये।

ऐसा कहा जाता है कि एक साढ़ू अपने घर की छत की फूस बदलना चाहता था। इसका कारण यह है कि फूस की छाजन को कुछ वर्षों बाद बदलना पड़ता है क्योंकि ये घिस जाती है और पतली हो जाती है। ये काम सारे गाँव वाले मिलकर करते थे अत: फूस बदलने के लिए उसने एक दिन निश्चित किया। गाँव वालों को मुफ्त सेवाओं के लिए उसे दावत देना था इसलिए वह अपने साढ़ू को लेकर एक सूअर खरीदने चला गया।

पुराने ज़माने में यह परम्परा थी कि गाँव में अगर किसी के घर की मरम्मत करनी हो या फूस बदलनी हो तो पूरे गाँव वाले मिलकर मुफ्त में काम करते थे। औरतें खाना बनती थी और चाय-नाश्ता आदि देने में व्यस्त रहती थीं जबकि आदमी अपना काम करते थे। यह अवसर गाँव के भोज जैसा हो जाता था जिसका सारा खर्च घर का मालिक उठाता था। इस तरह पूरे गाँव वाले एक-दूसरे की मदद करते थे। इस सामाजिक नियम को सभी मानते थे। तेजी से होते धर्म-मान्यताओं में परिवर्तन के कारण ऐसी सामुदायिक व्यवस्था एवं सेवाएँ लगभग समाप्त हो गयी हैं। इन नियमों का पालन गारो पहाड़ियों के दूर-दराज के गाँव में कहीं-कहीं होता है।

आगे, दोनों साढ़ू सूअर खरीदने के लिए बाज़ार गए। दुर्भाग्य से उन्होंने गलत सूअर पसंद कर लिया। वास्तव में असली सूअर नहीं था बल्कि सूअर के वेश में मीते (Mite) यानि देवता था, जो सूअर के वेश में घूम रहा था। दोनों साढ़ू भाइयों ने सूअर खरीद लिया और उसके पैरों को बांध दिया फिर उसके बीचों-

बीच एक लट्ठा डालकर उसे अपने कन्धों पर लटकाकर चल पड़े। इन्सान उसके साथ जैसा व्यवहार कर रहा था इससे देवता बहुत क्रोधित हो गया। इस प्रकार के अपमान का बदला लेने के लिए हर मिनट वह अपना वजन बढ़ाने लगा।

शीघ्र ही दोनों साढ़ू भाइयों का ध्यान इस तरफ गया और उन्हें महसूस हुआ कि सूअर का भार हर क्षण बढ़ता जा रहा है। उन्हें समझ में नहीं आया कि सूअर अचानक कैसे भारी होता जा रहा है। थोड़ी देर बातचीत करने के बाद उन्होंने बोझ को ज़मीन पर रखा और थोड़ी देर सुस्ताने लगे क्योंकि वे बुरी तरह हाँफ रहे थे। वे आपस में बातचीत करने लगे कि सूअर को घर कैसे ले जाया जाय? उसी समय देवता या आत्मा ने अपने आपको को आज़ाद किया और गुस्से में दोनों साढ़ूओं को सूअर में बदल दिया। बाद में वे चट्टानों में बदल गये, जो आज तक उसी रूप में हैं।

गारो जनजातीय मान्यता के अनुसार कभी दैवी शक्तियाँ या देवता जानवरों के वेश धारण करके घूमती हैं। इस दौरान अगर जाने-अनजाने में कोई उन्हें क्षति पहुँचाने की कोशिश करता है तो उसे इसका फल भुगतना पड़ता है। इसी कारण दोनों साढ़ूओं ने अपनी भूल का भारी मूल्य चुकाया।

दिमरे मेचिक (मानो या न मानो)

एक गाँव में एक झगड़ालू औरत रहती थी, जिसकी किसी के साथ नहीं बनती थी। वह अपने भाई, बहन और करीबी रिश्तेदार को भी नहीं पसंद करती थी। वह बिना किसी कारण और मौसम के हर किसी के साथ झगड़ा करती थी। मा. डिपिल के वंशज महारी (Mahari) के वंशज और दूसरे रिश्तदारों ने उन्हें हर तरह से, हर समय समझाने की कोशिश की लेकिन वह किसी की भी सुनने के लिए तैयार नहीं थी। उसका नाम दिमरे था पर लोग उसे दिमरे मे. चिक अर्थात शैतान चुड़ैल कहकर बुलाते थे।

जब सबकी कोशिश बेकार गई तो उसके परिवार वाले, रिश्तेदार और पूरे गाँव वालों ने निश्चय किया कि उसे और उसके पति को गाँव से बाहर निकल दिया जाए। दिमरे और उसके पति अपने मित्र और परिवार वालों द्वारा निकाल दिए जाने के कारण गाँव के बाहर अपना घर बनाया। वहीं उन्होंने रहने, खाने-पीने का प्रबन्ध कर लिया। सब कुछ ठीक चल रहा था लेकिन अचानक दिमरे के पति की मृत्यु हो गई।

ऐसा हुआ कि इस परिवार के वंश परम्परा में एक विचित्र बात थी कि उसमें मृत्यु के बाद व्यक्ति राक्षस में बदल जाता था, जिसे गारो में मंग्चा (Mangchaa) के नाम से पुकारते थे। हर व्यक्ति राक्षस में नहीं बदलता था। ऐसा कहा जाता था कि यदि हवा किसी तरह शरीर में प्रवेश कर जाती है और दूषित शरीर से तरल पदार्थ बाहर आ जाता है; और वह ज़मीन पर गिर जाता है। वह ज़मीन पर जम जाए तो कुछ ही घंटों वह राक्षस के रूप में बदल कर पागलों की तरह दौड़ने लगता है।

जब दिमरे मे.चिक्स का पति मर गया, गाँव वालों ने पहले से ही अनुमान लगा लिया कि क्या होने वाला है? क्योंकि मृतक ऐसे परिवार का था, जिसमें पहले भी मृतक राक्षस के रूप में बदल जाते थे। इसके कारण हो सकता है कि

उन्हें भी बुरी घटना का सामना करना पड़ सकता है। अगर ऐसा होता है, तो इस झगड़ालू औरत को सबक सिखाने का अच्छा अवसर है। उसके पति की जब मृत्यु हुई, तो उस समय दोपहर हो चुकी थी इसलिए मृत का दाह संस्कार उस दिन नहीं हो सकता था। गाँव के लोगों ने सोचा अगर वह भविष्य में गाँव में शांति से रहना चाहेगी, तो उसे शिष्टाचार सिखाना ज़रूरी है। इसलिए उन्होंने उसके घर से सारे धारदार औजार हटा दिए और उसे रात में जगाने के लिए अकेला छोड़ गए।

रात होते-होते गाँव के लोग एक-एक करके चले गए, तब दिमरे को पता चला कि रात में जगाने के लिए उसकी कोई मदद नहीं करेगा और उसे मृतक के साथ अकेले ही रहना पड़ेगा। उस समय उसकी समझ में आ गया कि गाँव वाले उसके बुरे बर्ताव के कारण उससे बदला ले रहे हैं। उसके पास अपने पति के मृत शरीर के पास पूरी रात बैठने के सिवाय और कोई चारा नहीं था। सब कुछ ठीक और शांत था परन्तु जैसे आधी रात हुई अचानक सारा माहौल बदलने लगा। सबसे पहले उसने डरते हुए अपने पति के शरीर को देखा, जो धीरे-धीरे फूल रहा था। वह बढ़ता जा रहा था। देखते ही देखते वह एक राक्षस के रूप में बदल गया। वह इतना डर गई कि घर से भागने की कोशिश की लेकिन घर बाहर से बंद था अत: वह खोल नहीं सकी। वह जोर-जोर से मदद के लिए आवाज़ देने लगी परन्तु उसे बचने के लिए कोई नहीं आया। पूरे गाँव वाले उसके व्यवहार के कारण उसे सबक सिखाना चाहते थे।

वह जितनी जल्दी हो सके, उतनी जल्दी वहाँ से बाहर निकलना चाहती थी क्योंकि उसकी जान पर खतरा था। अन्त में उसने दरवाजा खोलने की बहुत कोशिश की परन्तु वह बाहर से बंद था। दरवाजा खोलने के लिए उसने चारों ओर कुदाल, कुल्हाड़ी और धारदार औजार देखा पर उसे कुछ दिखाई नहीं दिया। आखिर में उसे एक कुदाल मिली, जिसकी हैंडल टूटी हुई थी। मृत अपने शरीर के आकार से तिगुना बड़ा हो गया था और उसके कान हाथी के सामान हो गए थे। दिमरे के पास समय नहीं था; उसे किसी तरह बाहर निकलना था। बाँस की बनी

फर्श भी इतनी मजबूत थी कि लाख कोशिश करने पर भी वह छोटा-सा गढ्ढा नहीं बना पाई। वह हाथों से बाँस के बने फर्श को उखाड़ने लगी।

उधर उस विशाल राक्षस का शरीर हिलने लगा। वह पहले बैठा; उसने चारों ओर देखा, और अपनी पत्नी से पूछा कि वह क्या कर रही है? जो की पागलों की तरह बाँस के फर्श को उखाड़ रही थी। उतनी देर में दिमरे ने इतना बड़ा छेड़ बना लिया था कि वह आसानी से बाहर निकल सकती थी। वह राक्षस पर जोर से चिल्लाती हुई उस छेद से बाहर निकल गई पर उसका बाल राक्षस के हाथ में आ गया और उसने जानवरों की तरह उसे चबा लिया।

वह किसी तरह अंधाधुंध चिल्लाती हुई गाँव की ओर भागी और गाँव के बाहर डर के मारे बेहोश हो गई। उस समय गाँव वालों को पता चल गया कि क्या हुआ होगा? वे चुपचाप उसके घर के पास पहुँचे और उसे चारों ओर से घेर कर उसमें आग लगा दिया, जिससे घर के साथ राक्षस भी जल गया। सबकी किस्मत अच्छी थी कि वह राक्षस बाहर नहीं आ पाया था और न ही पीछा करते हुए दौड़ा।

इसलिए कहा जाता है कि पुराने ज़माने में ऐसी घटनाएँ अक्सर होतीं थीं। इसलिए किसी व्यक्ति की अगर मृत्यु हो जाती थी, तो मृत शरीर को ज्यादा देर तक नहीं रखा जाता था। साथ ही देखा जाता था कि उसके शरीर से कोई तरल पदार्थ निकल कर ज़मीन पर न फैले। अगर तरल लगातार नीचे गिर जाता है, तो वह अपनी जड़े जमा लेता है और मृत शरीर राक्षस के रूप में जीवित हो जाता है। वह राक्षस अपने रास्ते में आने वाली हर चीज़ को नष्ट कर देता है। इस घटना के बाद दिमरे बहुत पछताई और उसने खुद को बदला। उसे अपना सबक मिल गया। इस कथा पर विश्वास करें या न करें एक बात स्पष्ट है कि सौहार्द्र और भाईचारे से समाज एवं परिवार खुशहाल रहता है।

मुर्गी-बाड़ा पहाड़ी

अगर आपसे कोई कहेगा कि चट्टान अपना आकार बढ़ाती है, तो आपको इस पर विश्वास होगा? कोई भी इस पर विश्वास नहीं करेगा लेकिन यह सत्य है कि गारो पहाड़ियों में एक ऐसी चट्टान है, जिसका आकर बढ़ता ही जा रहा है। इसके पीछे दो विख्यात बहनें अजी और गिलजी से सम्बंधित किवदंती है, जो अपने दो चाचाओं का पीछा करते-करते घर छोड़ कर चली गईं। यह विशेष चट्टान मेघालय-असम की सीमा पर खारकुट्टा के पास गारो पहाड़ियों के उत्तर में दरंगरे बाज़ार के पास दो.ग्रिंग अ.ब्री में स्थित है।

गारो मिथक के अनुसार किसी समय एक गाँव में एक परिवार अपने सगे-सम्बन्धियों के साथ सुख पूर्वक रहता था। उनकी तीन बेटियाँ थीं। जिनमें अजी और गिलजी दो छोटी बेटियाँ किशोरावस्था में थीं। उनके साथ उनकी माँ के दो अनाथ भाई रादिन्गा और सदिन्गा रहते थे। दोनों युवा भाइयों को अपना गोंग्बिना बजाना बहुत अच्छा लगता था। यह गोंग्बिना बाँस से बना स्थानीय माउथ ऑर्गन होता है। जब वे उसे बजाते थे तो दोनों बहनें उन्हें ललचाई और ईर्ष्या नज़रों से देखती थीं।

दोनों चाचा अपनी भतीजियों को गोंग्बिना बजाने नहीं देते थे और वे उसे उनकी नज़रों से दूर छिपाकर रखते थे। इससे दोनों बहनें बहुत चिढ़ गईं और उन्हें शरारत करने की सूझी। एक दिन जब दोनों चाचा मछली पकड़ने नदी की ओर गए। अवसर पाकर उनकी अनुपस्थिति में दोनों नोक्पनते (वह स्थान जहाँ अविवाहित युवक रहते हैं। वहाँ लड़कियों का प्रवेश निषेध है) में घुस गईं। उन्होंने गोंग्बिना के लिए नियम तोड़ दिया।

जब चाचा घर लौटे, तो उन्हें बहुत धक्का लगा और आश्चर्य भी हुआ क्योंकि लड़कियों ने न केवल नियम तोड़ा था बल्कि उन्होंने उनका मूल्यवान गोंग्बिना भी ले लिया था। उन्होंने लड़कियों से पूछा परन्तु लड़कियों ने झूठ बोला और साफ़ मना कर दिया। दोनों चाचाओं ने उन्हें फुसलाया, प्यार से समझाया यहाँ तक कि पीटने की धमकी भी दी पर दोनों ने सच बताने से इंकार कर दिया

और वे अपनी बात पर अड़ी रहीं। वे उनकी गोंग्बिना नहीं वापस करना चाहती थीं। जो कुछ भी घटा उस पर दोनों चाचा बहुत शर्मिंदा और दुखी हुए। समाज के बहिष्कार से बचने के लिए दोनों चाचाओं ने अपनी बहन का घर छोड़ने का निश्चय किया। परिवार वालों ने उनके इस निर्णय का विरोध किया परन्तु वे नहीं माने क्योंकि शर्म के साथ वहाँ रहने से बेहतर था कि वे कहीं और चले जाएँ। वे इसलिए शर्मसार थे क्योंकि वे अपनी भतीजियों को अनुशासन में नहीं रख सके।

अत: उन्होंने ज़रूरी सामान उठाया और वहाँ से चलने के लिए तैयार हो गए, तब दोनों बहनों को अपनी भूल का अहसास हुआ। उन्होंने चाचाओं से रुकने का अनुरोध किया परन्तु रादिन्गा और सदिन्गा ने लौटने के लिए मना कर दिया। दोनों बहनें कुछ दूर तक पीछे-पीछे गईं साथ ही उनसे वादा किया कि उनकी चुराई हुई मूल्यवान वस्तु लौटा देंगी इसलिए वे वापिस आ जाएँ। दोनों भगोड़े भाई वापिस लौटने के बजाय पूरे गारो पहाड़ियों पर एक स्थान से दूसरे स्थान तक यहाँ-वहाँ घूमते रहे। इधर दोनों लड़कियाँ भी एक दूरी बनाकर उनका पीछा करते हुए इधर-उधर घूमती रहीं साथ ही उन पर लगातार नज़रें रखें हुईं थीं।

खारकुटटा के पास दो.ग्रिंग अ.बरी एक ऐसा स्थान है जहाँ अजी और गिलजी काफी लम्बे समय तक रहीं। वहाँ उन्होंने खेती की और मुर्गी-पालन किया। इसलिए यह जगह दो.ग्रिंग अ.बरी या मुर्गी के बाड़े के नाम से जाना जाता है। कई वर्षों बाद मुर्गी का बाड़ा और ओखल-मूसल, जो कि घर में थे, वे पत्थर में बदल गए। इन्हें आज भी चेंग अ. डिंग पहाड़ियों के पीछे देखी जा सकती हैं।

स्थानीय लोगों के अनुसार इस चट्टान का आकार हर साल बढ़ता जा रहा है। यह अपने पुराने आकार से काफी बड़ा और अलग हो गया है। वास्तव में यह लम्बाकार बड़ा पत्थर है। यद्यपि यह मूसल की तरह नहीं दिखता परन्तु माना जाता है कि यह मूसल का बढ़ा हुआ आकार है। हो सकता है कि किसी को इस पर विश्वास न हो; चाहे तो वे इसे देख सकते हैं। यह पत्थर राष्ट्रीय राजमार्ग से ज्यादा दूर नहीं है।

आओ ! खेलें

गारो पहाड़ियों पर जब झूम खेती होती है तो उस समय एक व्यक्ति को खेत की रखवाली करने के लिए रखा जाता है। यह एक परम्परा भी है; इससे जंगली जानवरों से खेत की रक्षा की जा सके। अत: एक रात एक धनी किसान का एक जवान नौकर अपने मालिक की झूम खेती की देख-भाल कर रहा था। उसके मालिक का खेत बहुत बड़ा था। रात में जंगली भालू, सूअर और कभी-कभी जंगली हाथी फसल बर्बाद कर देते थे।

रात में खेत की रखवाली का काम बहुत उबाऊ और अकेलेपन से भरा होता है क्योंकि रखवाले को हर समय चौकन्ना रहना होता है और वो सो भी नहीं सकते थे। अत: रखवाला रात में अपना अकेलापन दूर करने के लिए और नींद से बचने के साथ-साथ खेत से जानवरों को दूर रखने के लिए जोर-जोर से चिल्लाने लगा– यो – ओहू – हूँ ! योहू ! ,

दूसरी ओर से भी ज़बाव और आवाज़ आई – यो – हूँ – यो – हूँ – हूँ ! कुछ और यो – हूँ – यो – हूँ – हूँ ! रखवाले को सुनाई दिया और हर आवाज़ उसे पास से आती सुनाई दे रही थी। जैसे-जैसे आवाज़ पास आती, वैसे-वैसे यो – हूँ – यो – हूँ – हूँ ! जोर-जोर से सुनाई दे रही थी। जोश में वह नौजवान लगातार यो – हूँ – यो – हूँ – हूँ ! पुकारता रहा।

धीरे-धीरे वह आवाज़ उसे झूम-खेत में बनी झोपड़ी (जमादल) के पास सुनाई दिया। जवाब देने वाला उसकी झोपड़ी के पास था। वह बहुत उत्साह से इंतजार कर रहा था कि दूसरा व्यक्ति कौन है जो पास के खेत में रखवाली कर रहा है। वह यह सोचकर बहुत खुश हुआ कि उसकी तरह कोई और भी अकेला है और वे दोनों एक साथ मिलकर बातें करते हुए रात बिता सकेंगे। वह अकेला नहीं रहेगा और दूसरे रखवाले को भी साथी मिल जायेगा।

लेकिन जब वह रखवाला सामने आया तो उसे अपने जीवन का बहुत बड़ा धक्का लगा क्योंकि वह इस दुनिया का आदमी नहीं लग रहा था। वह

अजनबी बहुत लम्बा था। कोयले जैसा काला रंग और उसकी जलती हुई लाल आँखें ऐसी लग रही थीं जैसे जलते हुए अंगारें हों। उसके बाल इस तरह बंधे थे जैसे चिड़िया का घोंसला हो। वह कुछ अलग-सा दिखाई दे रहा था। उसके शरीर से इतना ताप निकल रहा था कि उसकी गर्मी दूर से महसूस हो रही थी।

"हेलो ! हेलो ! क्या तुम अकेले हो?" उस अजनबी (alien) ने पास आते हुए पूछा।

वह रखवाला इतना डर गया कि उसके मुँह से एक भी शब्द नहीं निकला। उसकी बोलती बंद हो गई।

"अच्छा, मैं भी अकेला हूँ: क्या तुम समय बिताने के लिए कुछ खेलना चाहोगे? जैसे मुक्केबाजी।" अजनबी ने पूछा।

रखवाले को समझ में आ गया कि उसने खुद को इस अजीब स्थिति में डाल लिया है। वह किसी तरह बुदबुदाया कि "उसे अच्छा नहीं लग रहा है और उसका मन रात में खेलने का नहीं है। वह किसी और दिन खेलेंगे।" उसे पता था कि वह उस अजनबी की बराबरी नहीं कर सकता है। अगर वह खेला तो उसकी मौत निश्चित है।

उसने अजनबी से कहा, "ठीक है, अगर ऐसी बात है तो हम किसी और दिन खेलेंगे। कल रात का समय कैसा रहेगा?"

"अच्छा, कल रात खेलेंगे। कोई बहाना नहीं चलेगा, तुम कल रात आओगे। तुम जानते हो कि हमें कुछ तो मजा करना चाहिए।" यह कहकर वह डरावना अजनबी अचानक रात में गायब हो गया।

वह इतनी जल्दी चला गया कि रखवाला कुछ और नहीं कह सका। कुछ मिनट बाद उसे यह महसूस किया कि वह विचित्र अजनबी जाते-जाते कल आने का वादा भी कर गया है। वह बहुत डर गया। उसकी कुछ समझ में नहीं आया कि वह क्या करे? उसे खेतों की रखवाली के लिए दूसरे दिन भी आना था। वह अपने काम से न तो भाग सकता था और न ही अपने मालिक से कह सकता

था कि उसे डर लग रहा है। यह तो कायरपन होगा। वह सारी रात बचने का उपाय सोचता रहा।

जैसे ही सवेरा हुआ, वह गाँव की ओर दौड़ा और सीधे अपने कमरे में चला गया। उसने न तो किसी से बात की और न ही किसी की ओर देखा। वह अपने कमरे से बाहर नहीं आया और बीमार का बहाना बनाकर कमरे में पड़ा रहा। वह नहीं चाहता था कि किसी को भी रात की घटना के बारे में पता चले। उसके इस व्यवहार से किसी को कोई आश्चर्य नहीं हुआ क्योंकि रात भर चौकीदारी करने के बाद उसका इस तरह सोना ज़रूरी था।

शाम होने लगी और रात की रखवाली के लिए झूम खेती में जाने का समय हो गया था। उसे अजनबी का चेहरा याद आया और उसे समझ में नहीं आया कि उससे कैसे दूर रहे? अत: अपने को बचाने के लिए उसने बीमारी का बहाना बनाया। जब उसके मालिक ने पूछा कि "वह क्यों बिना खाए-पिए कमरे में बंद है और काम में क्यों नहीं जा रहा है?" तब उसने कहा कि "उसके सिर में भयंकर दर्द है और वह रखवाली करने की स्थिति में नहीं है।" वह इतना डर हुआ था कि सच नहीं बता सका।

मालिक ने सोचा कि हो सकता है नौकर बीमार हो लेकिन झूम खेती को ऐसे ही नहीं छोड़ा जा सकता। किसी न किसी को उसकी रखवाली के लिए जाना पड़ेगा इसलिए उसने अपना भाला उठाया और खेतों की ओर चल पड़ा। उसे जरा भी भान नहीं था कि उसके साथ क्या होने वाला है?

थोड़ी देर बाद वह तम्बाकू पीने के लिए तैयारी करने लगा। उसने अपने पास किसी को देखा। उसके चारों ओर गर्म हवाएँ चलने लगीं और साथ जले हुए मांस की दुर्गन्ध भी आई। उसे अँधेरे में एक काली और लम्बी आकृति दिखाई दी, जो उसकी तरफ आ रही थी। उसने डरते हुए उसकी ओर देखा। उस अजनबी की लाल आँखें जलते अंगारें के सामान, चिपटा सिर, घोंसले की तरह बाल और असामान्य नुकीले नितम्ब थे। वह बहुत ही अलग तरह का दिखाई दे रहा था।

“अच्छा, आखिर तुम यहाँ हो? क्या हम खेलें?” उत्साह से अजनबी ने पूछा।

मालिक इतना डर गया कि वह केवल उसे घूरता रहा।

“ओह ! आओ न, कोई बहाना मत बनाना । तुम्हें याद है न कि तुमने कल रात वादा किया था।” उस अजनबी ने याद दिलाया।

मालिक की अब समझ में आया कि नौकर उस रात क्यों नहीं आना चाहता था। उसने जरूर पिछली रात इसके साथ बात की होगी और कोई बहाना बनाकर भाग गया होगा, साथ ही दूसरे दिन आने का वादा किया होगा । उसकी दशा बहुत ख़राब हो गई। अब उसके पास बचने का कोई उपाय नहीं था।

मालिक ने ईमानदारी से उत्तर दिया, “वह मैं नहीं था। तुम ज़रूर मेरे नौकर से मिले होगे, जो पिछली रात चौकीदारी कर रहा था। अच्छा, मैं उसे कल रात भेज दूँगा; तब तुम अपनी इच्छानुसार खेल सकते हो । मेरी न तो खेलने की इच्छा है, न ही ताकत।”

लेकिन अजनबी समझौता करने के लिए तैयार नहीं था। वह खेलने के लिए दबाव डालने लगा। मालिक के पास कोई चारा नहीं था इसलिए बिना किसी इच्छा के तैयार हो गया।

तब उस अजनबी ने उससे पूछा कि “वह क्या खेल खेलना पसंद करेगा? वह पंजा लड़ायेगा या एक-दूसरे के पीछे मारने वाला (butt butting) खेल खेलेगा।”

आदमी पीछे मारने वाला खेल-खेलने के लिए तैयार हो गया क्योंकि इसे खेलते हुए वह दौड़कर गाँव तक पहुँच सकता था।

“अच्छा, हमलोग इसे कैसे खेलेंगे?”

उसके पूछने पर अजनबी ने खेल का नियम बताया– पहले मैं दौड़ूँगा और उल्टा दौड़ते हुए तुम्हें पीछे से धक्का मारूँगा। कल तुम्हारी बारी होगी, ठीक है?” इतना कहते हुए वह अजनबी कुछ दूर तक दौड़ा।

अवसर देखकर मालिक ने जल्दी से अपना भाला उठाया और घर की तरफ दौड़ पड़ा। कुछ देर बाद ही उसके पीछे से आवाज़ आई– मैं यहाँ आता हूँ।

मालिक तैयार था और इंतजार कर रहा था। उसने अपना नितम्ब कड़ा किया और भाला लेकर पीछे की ओर रखा और जब वह पास आया तो उसे चुभो दिया।

"अगली बार तुम लकड़ी का प्रयोग नहीं करोगे केवल अपने पीछे से धक्का दोगे। ठीक है?" यह कहकर वह कुछ दूर तक दौड़ा।

मालिक फिर गाँव की ओर दौड़ा। हर समय जब वह अजनबी दौड़ता तो मालिक की ओर भाला लेकर दौड़ता। इस तरह से उसने काफी दूरी तय कर ली थी लेकिन उसे थकान महसूस होने लगी थी और गाँव अब भी काफी दूर था।

अजनबी अपने खेल से बहुत खुश था और वह पूरी रात खेलता रहा। उसे इतना मजा आ रहा था कि वह सीटी बजा रहा था जबकि मालिक उसके धक्के से बहुत थक गया था। वह न केवल थक गया था बल्कि अजनबी के पास से इतना ताप आ रहा था कि उसकी खाल जल गई थी, जिसके कारण उसे जलन हो रही थी। वह घर पहुँचने के लिए बहुत बेचैन था। उसे लगा कि वह घर पहुँचने के पहले ही मर जाएगा। दूसरी ओर वह अजनबी खेल का पूरा आनंद उठा रहा था।

अंत में वे गाँव के पास पहुँच गए। उस समय मुर्गे ने बांग देना शुरु कर दिया। अजनबी ने अचानक खेलना बंद कर दिया और कहा कि "अब उसके जाने का समय हो गया है। उसे इस खेल में बहुत मजा आया और वह फिर जल्दी आएगा।" यह कहते हुए वह हवा में गायब हो गया। उसका पता भी नहीं चला कि वह कहाँ गया?

मालिक किसी तरह घर पहुँचा। वह पूरी तरह थक गया; किसी तरह उसने अपने-आपको घर के अन्दर की ओर खींचा। वह इतना डरा हुआ था कि उसके पास किसी को बुलाने की ताकत भी नहीं थी। गिरने की आवाज़ सुनकर घर वाले बाहर आए और उसे दरवाजे पर देखकर अन्दर ले गए। उसके काले-

झुलसे शरीर को देखकर उन्हें बहुत धक्का लगा। ऐसा लग रहा था कि उसे आग में भून दिया गया हो। उसे तेज़ बुखार था। वह सारे दिन उस विचित्र अजनबी के बारे में बुदबुदाता रहा और दोपहर तक उसकी मृत्यु हो गई।

नौकर मन ही मन आत्मग्लानि से भर गया। वह अपने आपको मालिक की मौत का जिम्मेदार मानने लगा क्योंकि अगर उस रात वह जाता तो मालिक की जगह वह मर जाता। आत्मग्लानि के कारण उसने गाँव छोड़ दिया। उसने किसी को भी नहीं बताया कि उस रात क्या हुआ था। वह उस डरावनी घटना को याद भी नहीं करना चाहता था।

पुराने ज़माने में यह कहा जाता था कि "गारो पहाड़ियों में ऐसे विचित्र राक्षस और भूत रहते थे, जो रात में घूमते थे और अकेले रखवाले को कुश्ती के लिए चुनौती देते थे। इसलिए रात में रखवाली करने वालों को यह समझाया जाता था कि वे ऐसा कुछ भी न करें जिससे वे आत्माएँ उनके पास आएँ।" कोई नहीं जनता कि ऐसा करने से कौन जवाब देगा? वह आदमी भी हो सकता है या राक्षस भी।

दू.कोन – जादुई पौधा

गारो पहाड़ियों के जंगलों में एक दुर्लभ पौधा है, जिसके पास ऐसी शक्ति है, जो इन्सान को गुमराह कर देती है। बहुत से शिकारी अपना रास्ता भूल गए और एक ही जगह चक्कर लगाते रहे, उस समय उन्हें दू.कोन पौधे की चमत्कारिक शक्ति का पता चला। वे लोग भी उस पौधे की जादुई शक्ति का शिकार बन गए।

आश्चर्य की बात यह है कि इसकी चमत्कारी शक्ति केवल रात में ही रहती है और दिन में एकदम समाप्त हो जाती है। इससे जुड़ी कई कहानियाँ हैं कि कैसे शिकारी शिकार करते समय इसका शिकार बन गए। इन शिकारियों में एक शिकारी पु. हेरलिअना खिंग्ते था, जो मिज़ो बी.एस.एफ. के एक कर्मचारी का बेटा था। वह सन 1980 में तुरा के दोबसिपारा कैम्प में नियुक्त था। वह शिकार का बहुत शौक़ीन था और अक्सर तुरा के जंगलों में शिकार करने जाता था। हमेशा की तरह वह एक रात जब अपने मित्र के साथ शिकार के लिए घने जंगलों में गया तो दोनों के पैर दू.कोन पौधें पर पड़ गए। उन्हें आधी रात तक भयानक अनुभव हुआ।

उसने बताया कि 1988 में वह और उसका दोस्त शिकार करने जंगल गए। हिरन की आवाज़ सुनकर वे निशाना साध रहे थे तब एक विचित्र घटना घटी। उन्होंने अनजाने में दू. कोन के पौधों पर पैर रख दिया और इसके प्रभाव से तुरंत ही वे अपना रास्ता भूल गए। वे पगडंडियों पर चलने लगे लेकिन उन्हें कुछ देर बाद लगा कि वे उसी जगह पर गोल-गोल घूम रहें थे। वे कहीं से भी चलते थे लेकिन बार-बार उसी जगह पहुँचते। वे रास्ते की खोज में उस स्थान पर कई बार आए थे परन्तु ऐसा कभी नहीं हुआ था। उन्होंने सोचा कि ज़रूर ही जादुई पौधे पर पैर रख दिया होगा या कोई आत्मा उनसे शरारत कर रहा है।

कुछ देर के लिए वे रुक गए और उन्होंने विपरीत दिशा की ओर जाने के लिए सोचा। उन्हें कुछ पगडंडियाँ और दिखाई दीं, वे उस रास्ते की ओर चल पड़े

परन्तु कुछ देर बाद वे वापिस उसी जगह आ गए। वे दाहिनी ओर गए, फिर बाएँ ओर गए, यहाँ तक कि उन्होने चारों दिशाओं की ओर से कोशिश की परन्तु कुछ देर चलने के बाद अपने आपको उसी स्थान पर पाते, जहाँ से वे चले थे। उस समय तक वे पूरी तरह भटक गए थे। उन्हें समझ में नहीं आया कि वे क्या करें? वे पूरी तरह थक गए थे; अंत में वे एक चट्टान पर बैठ गए और रात बीतने का इंतजार करने लगे।

जब सुबह हुई तो उन्हें यह देखकर बहुत आश्चर्य हुआ कि मैदान में उनके पैरों से एक बड़ा गोलाकार निशान बना हुआ था। वे एक ही जगह गोलाई में आधी रात तक घूमते रहे। सुबह होने पर दोनों शिकारियों की याददाश्त वापिस आई और वे सुरक्षित घर लौट आए। हेरलिअना ने अपनी पत्नी से पूरी घटना बताई तो उसने कहा, "अरे ! एक शिकारी होने के नाते जंगल में इन सब चीजों का सामना करना आना चाहिए; लगता है आपको नहीं मालूम। इसका सरल-सा उपाय है कि आपको अपनी कमीज़ उतार कर हवा में थोड़ी देर लहरा कर पहनना चाहिए था। दूसरा विचित्र उपाय यह है कि अपने ऊपर लघु शंका (पेशाब) कर उसे चारों ओर छिड़कना चाहिए। इससे दू. कोन का असर चला जाता और आपको आसानी से घर का रास्ता मिल जाता।"

"अच्छा, मुझे पता नहीं था; तुम्हें पहले बताना चाहिए था," हेरलिअना ने कहा।

पत्नी ने जवाब दिया, "अगली बार के लिए याद रखना।" सबने शांति की साँस ली और हँस पड़े।

देखा गया है कि कई शिकारी और यात्री रात में इन जादुई पौधों के शिकार बन जाते हैं। इस बात पर विश्वास नहीं किया जा सकता है कि एक साधारण-सा पौधा रात में इंसानों को अपनी जादुई शक्तियों द्वारा शिकार बनाता है। बेबस शिकारी और यात्री अपना रास्ता भूलकर एक ही स्थान पर गोल-गोल घूमते हैं। उन्हें देखकर आत्माएँ ज़रूर हँसती होंगी और उनका मनोरंजन भी होता होगा। सच है यह संसार आश्चर्यजनक एवं विचित्रताओं से भरा है।

चिजन्ग्गी

माना जाता है कि बाल्पक्रम घाटी में एक बहुत दुर्गम स्थान है, जिसमें से कभी-कभी छत से पानी की बूँदें टपकती हैं। लोगों की मान्यता है कि उसमें रोग निवारण शक्ति है। इस स्थान का पता कुछ समय पहले लगा है। कहते हैं एक पक्षाघात (paralytic) रोगी इस बीमारी के कारण बहुत तकलीफ में था। उसने सारा इलाज़ करवाया और देशी दवाइयाँ भी लीं पर वह ठीक नहीं हुआ। उसकी तकलीफ देखकर हितैषी ने कहा – तरह-तरह की दवाएँ और देशी इलाज के बाद भी अगर बीमारी ठीक नहीं हो रही है तो क्यों न कोई अलग तरीका अपनाएँ। वे रोगी बाल्पक्रम को पठार पर ले गए, जहाँ से वे नीचे रस्सियों के सहारे खड़ी ढाल से उतारे। वह इलाका बहुत ही कठोर और जंगल से भरा था। रास्ते बहुत घुमावदार और टेढ़े-मेढ़े थे। वे कितना चले और कैसे पहुँचे उन्हें मालूम नहीं चला। आखिर में उन्हें उस गुप्त स्थान का पता चल गया, जहाँ बर्फ के समान ठंडी पानी की कुछ बूँदें टपक रहीं थीं। उन लोगों ने रोगी को सहारा देकर आगे निकालकर अच्छी तरह बैठाया। वह बिना हिले-डुले उस जगह पर काफी देर तक वहां बैठा रहा। तब अचानक बर्फ की तरह ठंडी एक बूँद उसके सिर के दाहिनी ओर गिरी, जो रोगी को चाहिए थी। वह बूँद बर्फ से भी ज्यादा ठंडी थी। वह लगातार हिलने लगा और हिंसक हो गया। सारा शरीर ऐंठने लगा और वह बेहोश हो गया। होश आने पर वह पूरी तरह ठीक हो गया और अपने पैरों पर चलता हुआ घर लौटा।

अत: आज भी बाल्पक्रम आत्माओं का घर माना जाता है। यह एक कल्पित ही नहीं बल्कि इसका महत्व भी है। इस पठार में लघभग 50 ऐसे स्थान हैं, जो पौराणिकता, रहस्यों और विचित्रताओं से भरा पड़ा है। यहाँ ऐसे चमत्कारों होते हैं कि इनका वर्णन करना असम्भव है। ये मन में संदेह भी पैदा करता है। रिपोर्ट के अनुसार अब तक तीन व्यक्ति, जो कि पक्षाघात से पीड़ित थे, वे पूरी तरह से ठीक हो गए हालाँकि ये लोग कहाँ हैं? इसका पता नहीं है। सही स्थान का पता करना अभी भी पहेली है और इसकी ख़ोज आवश्यक है।

जोसिपारा वोक्रोंगते

गारो पहाड़ियों और बंगला देश की दक्षिणी सीमा डालू के पास जोसिपारा नामक गाँव में तीन अलग-अलग चट्टानें हैं, जो जंगली सूअर के समान दिखाई देती हैं। एक दिन एक युवा देव (दैवी शक्ति) घूम रहा था। गारों जनजातियों की मान्यता है कि अक्सर दैवी शक्तियाँ धरती पर घूमती हैं। घूमते हुए युवा देव पर जंगली सूअर ने उस पर आक्रमण कर दिया। युवा देव उसे धोखा देकर किसी तरह भागने में सफल हो गया और उसके पैने थूथुन से अपने आपको बचाने में कामयाब हो गया परन्तु वह बहुत क्रोधित था। वह घर आया, उससे बदला लेने के लिए उसने सात फीट की लम्बी तलवार निकाली और चारों ओर सूअर का पीछा किया।

बहुत देर तक पीछा करने के बाद वह सूअर जोसिपारा गाँव में पकड़ा गया। उसने उसके तीन टुकड़े किए जो कि आगे चलकर पत्थरों में बदल गए। अगर इन पत्थरों को ध्यान से देखें तो ये सूअर के सामान दिखाई देते हैं। इतने पर भी युवा देव का गुस्सा शांत नहीं हुआ अपनी तलवार चलाते हुए रास्ते के दोनों तरफ घास और पेड़- पौधों को ज़मीन पर बिछा दिया। रास्ते के दूसरी तरफ की घास, बाँस आदि एक तरफ झुक गए। लोग कहते हैं कि आज भी उस क्षेत्र में सीधा बाँस मिलना मुश्किल है। लोग मानते हैं कि देवताओं द्वारा किया गया कार्य सदा के लिए रह जाता है।

परिचय

नाम – डॉ. अनीता पंडा

जन्म – १ जून, वाराणसी

शिक्षा – एम. ए. हिंदी (स्वर्ण पदक), भूगोल, बी.एड.,पीएच.डी. (हिंदी)

लेखन – अनुत्तरित प्रश्न (कहानी संग्रह), मेघालय की लोक कथा, उम्मीद ज़िन्दगी की

(कहानी संग्रह), दो आब (कविता संग्रह), लमहें बोलते हैं (लघु कथाएँ), सलीब पर औरत(कहानी संग्रह), सौन्दर्यबोध और स्वातंत्र्योत्तर हिंदी कविता, खासी संस्कृति, मान्यता और परम्परा तथा देश के विभिन्न पत्र-पत्रिकाओं, आकाशवाणी पूर्वोत्तर सेवा,शिलांग और दूरदर्शन में रचनाओं का प्रसारण एवं प्रकाशन, देश – विदेश की साहित्यिक गोष्ठियों में भागीदारी.

सम्प्रति – स्वतंत्र लेखन, कार्यक्रम सञ्चालन (आकाशवाणी पूर्वोत्तर सेवा शिलांग, दूरदर्शन), हिन्दी-सेवी, अतिथि प्रवक्ता मार्टिन लूथर क्रिश्चयन विश्विद्यालय, शिलांग, वरिष्ठ शोद्यार्थी, ICSSAR, DELHI I

पुरस्कार एवं सम्मान – 1. राष्ट्रपति द्वारा राष्ट्रीय शिक्षक पुरस्कार – 2015

2. पूर्वोत्तर हिंदी साहित्य अकादमी द्वारा 'हिन्दी गौरव सम्मान" – 2016

अन्तर्राष्ट्रीय हिन्दी सम्मेलन, लन्दन (यू.के.) – २०१५ में 'आधारशिला हिन्दी भूषण सम्मान' ।

3. 'जे.एन.बावरी स्मृति सम्मान' – २०१५, द्वारा पूर्वोत्तर हिन्दी अकादमी, शिलांग ।

4.अन्तर्राष्ट्रीय हिन्दी सम्मेलन मॉरिशस – २०१४ में 'हिन्दी गौरव सम्मान' द्वारा आधारशिला विश्व हिन्दी मिशन, भारत ।

5.१२वीं अखिल भारतीय कवियत्री सम्मेलन कोलालम्पुर (मलेशिया) में "द लेडी ऑफ़ एज-२०१४",

6.पूर्वोत्तर हिंदी अकादमी,शिलोंग द्वारा “श्री जीवनराम मुंगी देवी गोयनका स्मृति सम्मान -२०१४”,

7.“श्री जीवनराम मुंगी देवी गोयनका पब्लिक चेरिटेबिल ट्रस्ट ,गुवाहाटी द्वारा “विशिष्ट सहित्य सम्मान -२०१४”,

8.११ वीं अखिल भारतीय कवियत्री सम्मेलन पताया (थाईलैंड) में “द ब्लेस्ड जूनो-२०१३”, 9.पूर्वोत्तर हिंदी अकादमी,शिलोंग द्वारा “डा महाराज कृष्ण जैन स्मृति सम्मान -२०१२”,

10.विदेशी प्रसारण सेवा प्रभाग, आकाशवाणी नई दिल्ली के वार्षिक पुरस्कार २००९ के प्रतियोगिता में संगीत रूपक लेखन हेतु ‘प्रथम पुरस्कार’

11.अनुव्रत कहानी लेखन प्रतियोगिता, नई दिल्ली २०१२ में ‘प्रथम पुरस्कार’

12.अखिल भारतीय विमल स्मृति कहानी प्रतियोगिता २०१० में ‘प्रथम पुरस्कार’

13.विश्व हिंदी साहित्य सेवा संस्थान इलाहाबाद द्वारा “विशिष्ट हिंदी सेवी २००७-०८”सम्मान.

14.म. प्र. तुलसी साहित्य अकादमी, टीकमगढ़ द्वारा “तुलसी सम्मान-2017”

15.साहित्य मण्डल श्रीनाथद्वारा, राजस्थान द्वारा “श्रीमती शशि पारिख स्मृति सम्मान – 2017”

16.हम साथ-साथ पांचवा सोशल मीडिया मैत्री सम्मलेन, अयोध्या द्वारा “वरिष्ठ प्रतिभा सम्मान – 2017”

17.राष्ट्रीय कवि संगम, गुवाहाटी असम द्वारा “शब्द रत्नाकर सम्मान – 2017”

18.प्रजातंत्र का स्तम्भ प्रकाशन,दौसा (राजस्थान) द्वारा "प्रजातंत्र का स्तम्भ गौरव"सम्मान – 2018

19.नवानिकष तरंग सृजन सम्मान, कानपुर (उ.प्र.) द्वारा "साहित्य एवं संस्कृति – संवर्ध्दन के क्षेत्र में अप्रतिम प्रदेय हेतु "यश: शेष प्रभादेवी अग्निहोत्री स्मृति 'कथा श्री' सम्मान – 2019

संपर्क –

SHILLONG -793001

MEGHALAYA

E mail – aneeta.panda@gmail.com

Mob. 09436730101, 6909365645